就職氷河期世代の経済学

永濱 利廣
Toshihiro Nagahama

日本能率協会マネジメントセンター

はじめに

就職氷河期世代は本当に経済的に割を食っているのか

いきなりですが、「就職氷河期世代は本当に経済的に割を食っているのか」という問いに対して、答えを一言でいうと「割を食っている」と言えます。

「就職氷河期世代」は簡単に言うと、就職が非常に厳しかった時期に、新卒で就職活動を行わなければならなかった世代です。１９９１年のバブル崩壊によって日本企業は過剰在庫や過剰債務、過剰人員を抱えて、長く業績の悪化に苦しむことになります。そしてその結果として、新卒採用の中止や採用人員の大幅な縮小を行うことになり、高校や短大、大学や大学院を卒業して社会に出る多くの学生が、バブル期の売り手市場から一転、厳しすぎるほどの「就職難」にぶつかることになります。

なお、厚生労働省の定義によれば、バブル崩壊後の１９９０～２０００年代、雇用環境が厳しい時代に就職活動を行い、現在もさまざまな課題に直面している世代を「就職氷河期世代」としており、年齢的には、現在30代後半から50代前半くらいに差し掛かっています。

私が大学を卒業して社会人になったのが１９９５年ですから、私自身も就職氷河期世代の１人であり、当時の就職環境の厳しさを知っていますし、社会に出た後の待遇や諸条件などが、それ以前の世代に比べてさまざまに変化したことを経験しています。

就職氷河期世代が、それ以前の世代と比べてどのような変化を経験し、経済的に割を食ったのかというと、代表的なものの１つが「雇用形態」であり、もう１つが「年収」、そして「資産形成」となります。

まず雇用形態についてですが、就職氷河期世代が学校を卒業した時に就職難から正社員になることができず、非正規雇用の道を選ばざるを得なかった人が多かったというのはよく言われていることです。実際に「世代別非正規労働者比率」（図表１）の35〜44歳と45〜54歳のところを見れば分かるように、あとの世代（25〜34歳）に比べて非正規労働者比率が高く、就職氷河期世代の非正規雇用割合が高い傾向にあることが分かります。

背景としては、いわゆる企業の解雇規制により、いったん採用すると簡単には解雇することができないため、人件費の高い正社員の採用を抑制して、非正規雇用を増やしたことがあります。その枠に新卒として正社員になることのできなかった就職氷河期世代の人たちが、当時は仕方なく応募をしたという理由からこのような雇用形態となった訳です。そして非正規雇用というのは、当然のことながら正社員に比べて賃金も低く、福利厚生も充実していません。

そして、厚生労働省の賃金構造基本統計調査によると［「年齢階級別賃金」（図表２）］、就職氷河期世代の初期となる１９９８年当時の就職氷河期世代である20～29歳の賃金は２０２３年現在の20～29歳に比べて低く、今の若年層の賃金は当時に比べて上がっていることが分かります。

ところが、２０２３年のデータを見ると、現在40～49歳になっている氷河期世代の賃金は１９９８年よりも下がっています。一方、女性のデータではいずれの年齢でも、２００３年よりも２０２３年の方が上がっています。

これは働く女性が増え、女性を取り巻く給与や福利厚生といった環境が良くなっていったからと言えます。しかし少なくとも男性に関しては、就職氷河期世代は「入る時は今よりも安く、中年層になっても今より安く」ということで、年収という点では明らかに「割を食っている」ということがいえます。

図表1 世代別非正規労働者比率

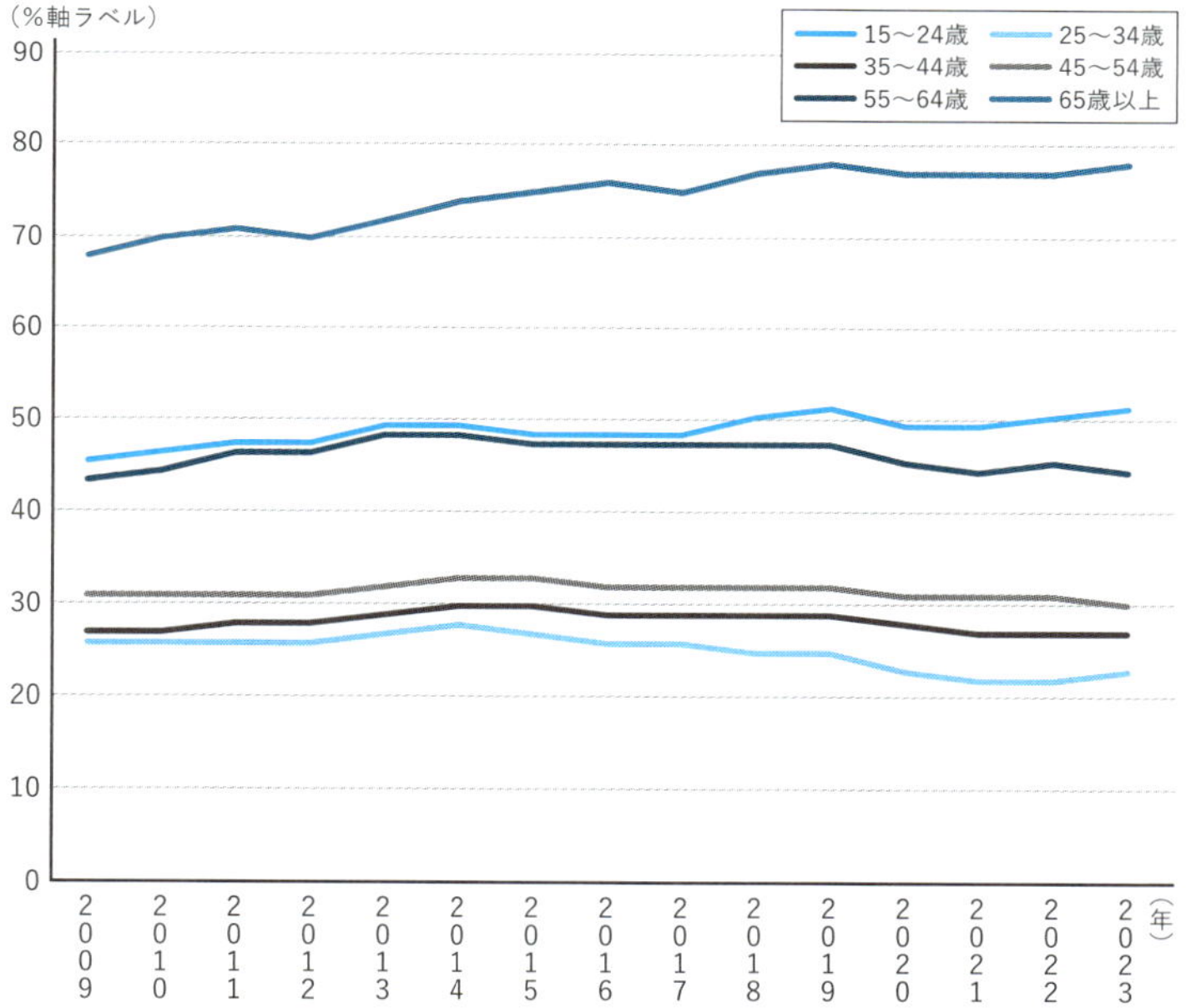

(出所)総務省「労働力調査」

このように、雇用形態が不安定で、かつ年収という面でも「低く抑えられた」結果として、就職氷河期世代は「資産形成」という点でも「割を食って」います。

人々が金融資産を持っているかどうかというのは、経済状況を判断するうえで非常に重要な要素の1つになります。しかし、就職氷河期世代は社会に出る時に正社員ではなく、非正規雇用を選ばざるを得なかったという人も多かったうえ、その後に転職活動をして正社員になったとしても、先ほど見たように賃金は低く抑えられ、かつ在職期間なども影響したとすれば、資産形成がとても難しかったのではないでしょうか。

実際、「年齢階層別貯蓄額」(図表3)を見ると、40～49歳の資産は2008年に比べて2013年や2018年は下がっています。2023年には株高などもあり改善していますが、それ以前の下がり方は少し異常かと思います。本来、経済が成長している国であれば、資産は年ごとに増えていくものですし、年代が上がれば増えていくはずなのですが、このように大きく下がっているということは、就職氷河期世代の雇用形態の不安定さや収入の低さも関係しているのではないでしょうか。

最近では、新NISAなど個人の資産形成を奨励する制度が導入され、利用する人も増えています。では、この世代が今からこれらの制度を利用して十分に資産形成できるかと

図表2　年齢階級別賃金

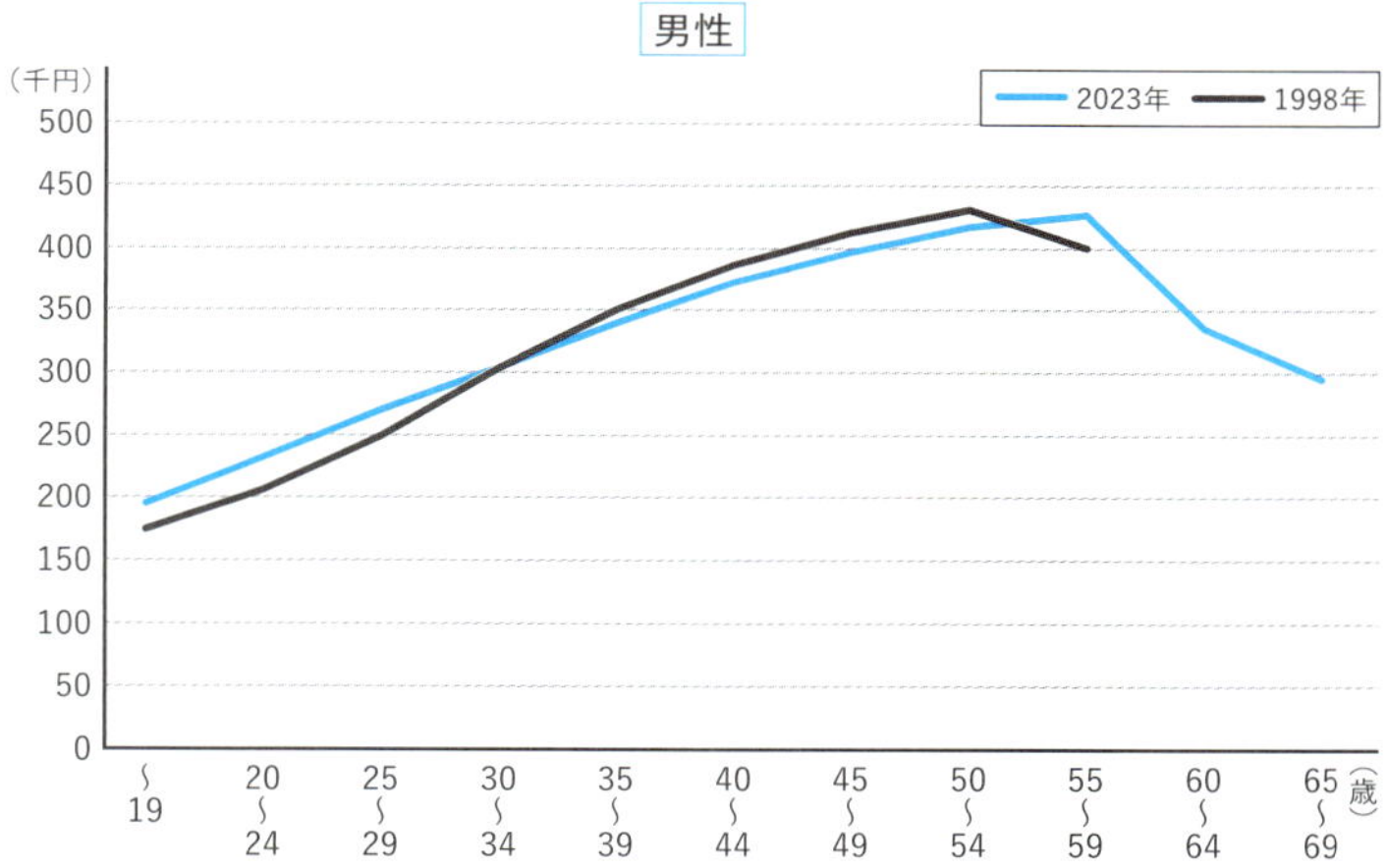

（出所）厚労省「賃金構造基本統計調査」

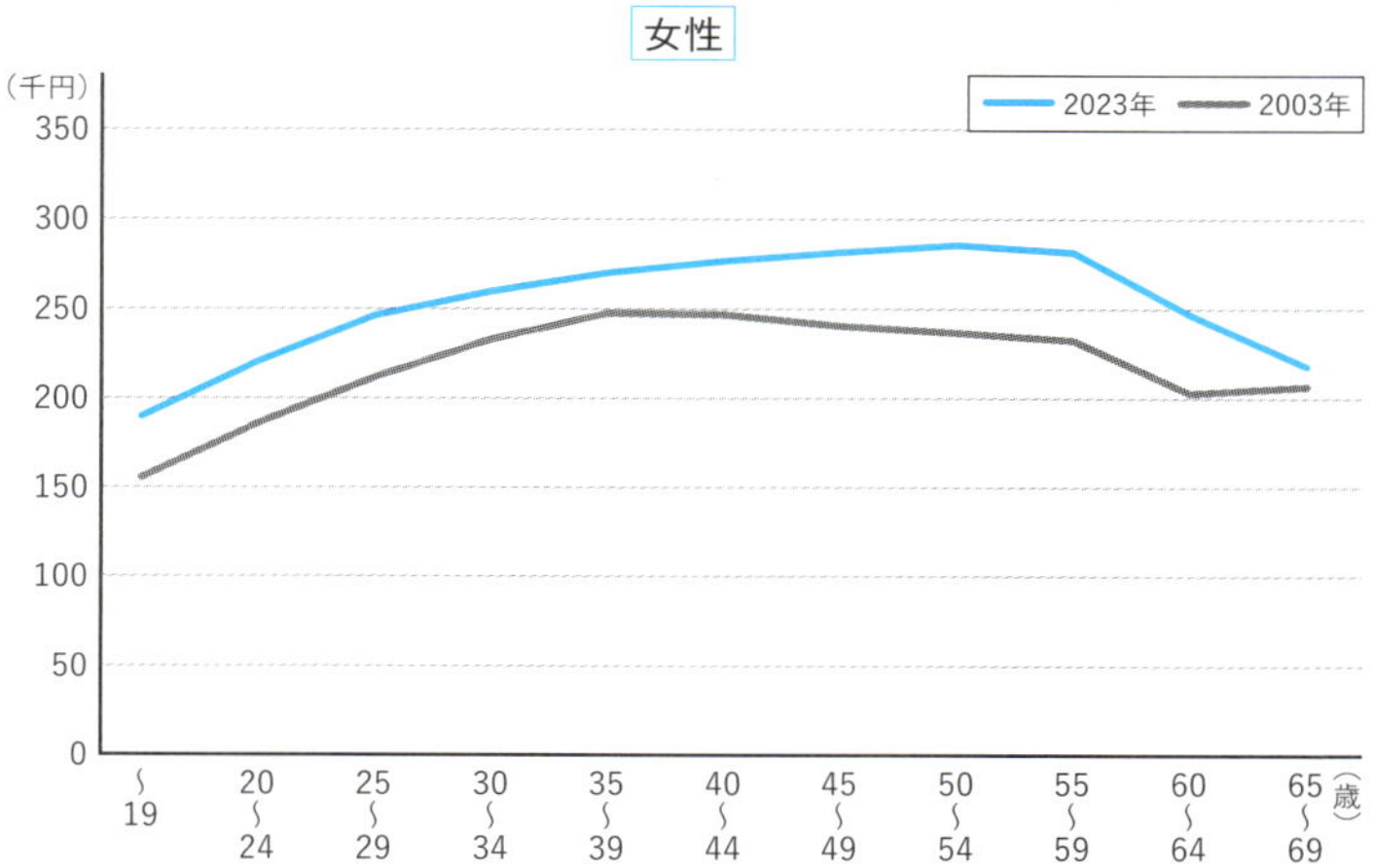

（出所）厚労省「賃金構造基本統計調査」

いうと、難しいと言えます。なぜなら、投資主体の資産形成というのは、今の消費を少し我慢してでも時間を味方につけることで「お金に働いてもらう」わけですが、そのためには一般的に15年以上の時間が必要になると言われています。

つまり、今の20代の人にとってはたっぷりと時間があるわけですが、就職氷河期世代は既に40歳前後から50代前半くらいに差し掛かっていますから、特に50歳以上の人にとってはこれから資産を大きく増やすのは難しいかもしれません。

そうなると、今後問題になるのは公的年金です。公的年金というのはそれ以前に支払った年金保険料によって支給額が決まるだけに、正社員になることができず、たとえばアルバイトなどで生計を立てていた場合、加入するのは国民年金ですから、満額で貰えたとしても約6万8０００円（２０２４年4月現在）です。もし途中で支払わなかった期間や免除期間があればさらに金額は低くなります。

これでは、老後の生活設計が難しくなります。厚生労働省が就職氷河期世代である１９７４年生まれの50歳の人が65歳時点で受け取る年金額（現在の物価水準ベース）の分布状況を推計したところ、全体の39・１％が月10万円未満だったそうです。このうち18・１％は月7万円未満、５・７％は月５万円未満と言いますから、このあたりにも雇用の不安定

図表3 年齢階層別貯蓄額

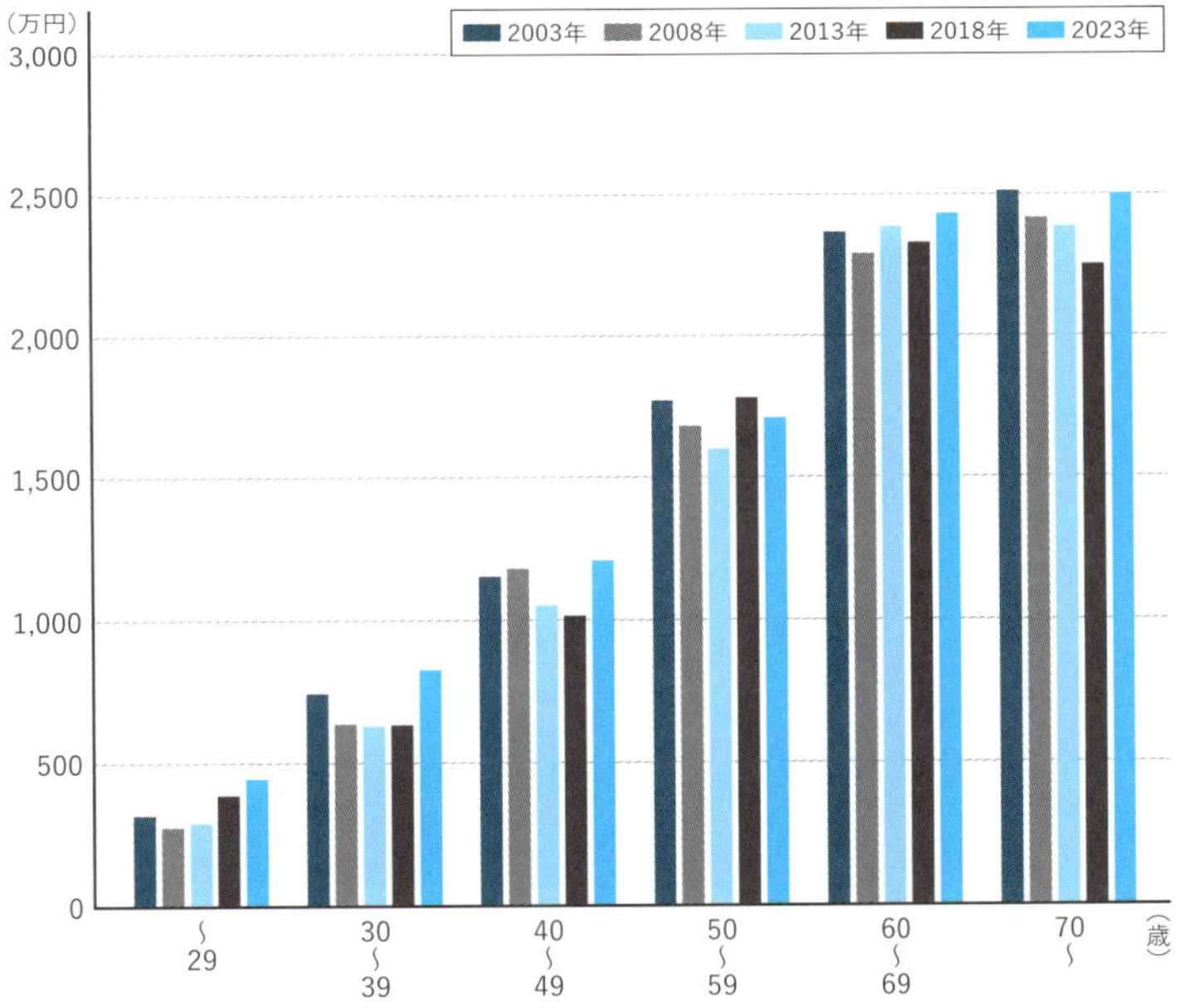

(出所)総務省「家計調査」

さからくる年金加入期間の短さなどが影響しているようです。

年金以外に老後資金として2000万円が必要だ、いやそれ以上に必要だといった議論もあります。しかし、試算の前提となっているのは現時点での平均的な老齢夫婦無職世帯であり、厚生年金に長期間加入していた世帯が多く含まれます。このため、厚生年金の加入期間が短かったり、あるいは国民年金にしか加入していなかった人の場合、老後の生活設計はとても困難なものになります。

このように、就職氷河期世代は長きにわたって「経済的に割を食ってきた」わけですが、かつては「自己責任」の一言で片づけられることも珍しくはありませんでした。しかし、実際に経済の側面から見ると、就職氷河期世代を巡る問題は単に「個人の問題」ではなく、「国の問題」であるのも確かです。

日本の少子化問題は既に何十年と論じられているテーマですが、近年の少子化の加速の背景には、就職氷河期世代の経済的苦境があったのは間違いありません。日本の年間出生数は今や100万人を大きく割り込んでいますが、1971~74年生まれは年間200万人を超えていました。1953年以降、しばらく200万人を切っていましたが、この時期に再び200万人を突破します。

この世代は、人口が多かった団塊の世代（1947～49年生まれ。第一次ベビーブーム）の子どもたちによる「団塊ジュニア世代」（第二次ベビーブーム）にあたりますが、もしこの世代が団塊の世代と同様に結婚し、子どもを産んだとすれば、1995～99年頃にかけて「第三次ベビーブーム」が来てもおかしくありませんでした。しかし、現実には起こりませんでした。

理由は「団塊ジュニア世代」が学校を卒業して社会に出る頃、日本はバブル崩壊後の不況の真っただ中にあり、「団塊ジュニア世代」が「就職氷河期世代」と重なってしまったからです。

安定した職と安定した収入があって初めて人は結婚などを考えるわけですが、これまで見てきたように、雇用という面でも収入という面でも「経済的に割を食った」ことで就職氷河期世代という人口のボリュームゾーンの婚姻率の低下につながり、第三次ベビーブームは起こらず、日本の少子化は加速することになったのです。

実際、1995年の合計特殊出生率（15～49歳までの年齢別出生率を合計したもの）は1・42でしたが、2023年の1・20（出生数は約72万7000人）まで多少の変動はあるものの、ほぼ一貫して下がり続けています。

ほかにも、雇用の不安定さや収入の低さは当然ながら購買力にも直結しますし、将来的には先ほど触れた年金や介護の問題とも深く関わってきます。

こう考えると、就職氷河期世代は個人として「経済的に割を食った」だけでなく、社会的にも就職氷河期世代を生み、そして長く「自己責任」という一言で片づけられてきたことは、日本経済にとってつもなく大きな損失をもたらすことになったのではないでしょうか。

もちろん、就職氷河期世代でも、バブル崩壊後の厳しい経済状況のなかで就職活動を行い、念願の企業への就職を果たした人もいれば、その後のさまざまな困難を乗り越え素晴らしい成果を上げた人もいるでしょう。しかし、不幸にしてこれらの壁を乗り越えることができないままに、今日を迎えることになった人たちがいるのも事実です。

高度成長期という時代が、多くの人にとって大変ではあっても頑張って働くことで「結婚し、子どもを育て、マイホームを建てる」という夢を叶えてくれる時代であったとすれば、就職氷河期世代というのは、「就職するというスタートライン」に立つことさえ拒否された世代であり、その時に就職できたかどうかがその後の大きな格差につながった世代とも言えます。

もちろん、就職氷河期世代の人がすべて厳しい状況にいるわけではありません。しかし、日本経済にとって就職氷河期世代を生み、そして一部ではあっても厳しい環境のままにしてきたことが、今日の少子化や長いデフレ時代の一因になったことは事実です。

だからこそ、今求められるのは「なぜ就職氷河期世代を生んでしまったのか」を知り、今も厳しい状況にいる「就職氷河期世代にどんな救いの手を差し伸べられるのか」を考え、今後、同じような「失敗を繰り返さないために何ができるのか」を考えることなのです。

そうすることこそが、日本経済に再び活気を取り戻すうえで必要なことなのです。

２０２４年11月

永濱利廣

CONTENTS

就職氷河期世代の経済学

第2章 「就職氷河期世代」の雇用事情

第3章
「就職氷河期世代」の経済事情
年齢階層別データから見えてくるもの

第4章 「就職氷河期世代」の生活事情

第1章

「就職氷河期世代」はなぜ生まれたのか

当時の採用市場。前後の世代と比較した違い

「就職氷河期」という言葉がメディアに初めて登場したのは、1992年秋のことです。当時、リクルートが発行していた就職情報誌『就職ジャーナル』に登場した造語であり、94年には新語・流行語大賞の「審査員特選造語賞」を受賞しています。

景気には波がありますので、日本でもたびたび就職難の時代は訪れています。

1929年に公開された映画『大学は出たけれど』(小津安二郎監督)は流行語にもなっており、それからしばらくして起こった昭和恐慌では、大学や高専を卒業した学生でさえ就職が難しく、特に大卒文系の学生は就職率が4割を切ったと言われるほどの就職難に見舞われています。くわえて、以後もたびたび就職難の時代は訪れています。

しかし、1990年代にそれまでの「就職難」ではなく、「就職氷河期」という言葉が生まれたのは、その直前までの就職事情が「バブル景気」を背景とした「超売り手市場」であったことと関係しています。

バブル景気というのは、内閣府の景気動向指数上で1986年12月から1991年2月までの期間を指しています。そして、バブル景気の発端となったのは、1985年9月の「プラザ合意」です。プラザ合意というのは、先進5か国(日米英独仏)の蔵相(日本の場合。現在は財務大臣)と中央銀行総裁による過度なドル高を是正するための合意です。

ドル高による巨額の貿易赤字に苦しんでいたアメリカの呼びかけで開催されて合意に至ったわけですが、当時の円安によって輸出産業が好調だった日本ではプラザ合意以後、急速なスピードで円高が進行し、円高不況に直面します。

その打開策として、日銀が低金利政策に踏み切ったことで企業は融資を受けやすくなり、設備投資だけでなく、土地や株式の購入にも資金が流れ込み、地価や株価が高騰し始めたことによって始まったのがバブル景気です。

なかでも地価の高騰は凄まじく、バブル景気の最盛期には「土地の価格は絶対に下がらず上がり続ける」という「土地神話」を多くの企業や人が信じ込み、不動産関係の企業だけでなく、一般の企業も本業とは関係のない土地の購入やリゾート開発などに乗り出すなど、空前の不動産ブームが巻き起こりました。

そして土地さえ持っていれば、金融機関から多額の融資を受けることができ、そのお金でさらに土地を手に入れるという、まさに土地が巨額のお金をもたらす時代でした。

土地の購入は日本国内だけにとどまらず、海外の不動産取得を進める企業も多く、企業経営者の中には不動産や株への投資で本業の何倍もの利益を上げ、その戦果を誇らしげに語る人もいたほどです。反対に、この時期に株や不動産への投資を積極的に行わなかった企業は「変わり者」扱いされるほどで、日本ではまさに空前の不動産ブームが起こった時代と言えます。

企業や個人が株や不動産で巨額の利益を手にしたことで、今では考えられないことですが、高級車や高級住宅地、高額なブランド品なども飛ぶように売れ、社会全体がそれまでにない好景気を実感したのがバブル景気の時代でした。

バブル景気を取り上げた各種作品などで、タクシーを止めるために1万円札を手に持ってひらひらさせた、クリスマスには高級ホテルがカップルで満室になった、彼女にプレゼントするために高級ブランドショップに人が殺到した、といったさまざまなエピソードが披露されていますが、たしかにバブル景気の時代には、比較的多くの人が好景気を実感していたと言えます。

超売り手市場から就職氷河期へ

こうした好景気を背景に繰り広げられたのが、就職活動の「超売り手市場」です。

当時は大卒男子の半数近くが上場企業に就職できた時代であり、銀行や保険、証券といった当時人気のあった金融業界や、勢いのあった不動産業界などに多くの学生が応募し、多くが採用された時代です。

この時代、上場企業といえども、人気のない企業が優秀な学生を採用することはとても難しく、企業説明会に出席した学生たちに交通費を支給したり、テレホンカードなどを配布したりすることはなかば常識になっており、学生の中には何社もの説明会を掛け持ちすることでかなりの金額を手にする人もいたほどです。

なかでも熾烈《しれつ》を極めたのが、内定者をいかに正式採用にまで持って行くかです。なかには資料請求のはがきを出したら返信ハガキが内定通知だったとか、説明会に参加しただけで内定が出た、といった今では考えられないほど簡単に内定（表向きは内定解禁日前の内定のため「内々定」）が出たため、学生の中には複数の内定は当たり前で、なかには二けたにのぼる内定を手にする人も珍しくなかったほどです。

もちろん、簡単に内定が出るからと言って、誰もが希望する大企業に就職できるわけではありませんでした。しかし、就職氷河期のような「そもそもスタートラインにさえ立てない」ということはなく、多くの学生が大手企業の説明会に参加し、面接などに進むことができた時代でもありました。

反面、学生が多くの内定を手にすればするほど、その選択権は学生が握ることになります。結果、企業の採用担当者は「多すぎる採用人数」を確保するために一定の辞退者を見越した多めの内定を出すわけですが、次には内定辞退を防ぎながら採用目標を達成することが求められます。

そこで繰り広げられたのが、内定者を「囲い込む」ための頻繁な食事会や、内定解禁日に他社に行かれるのを防ぐための温泉旅行や海外旅行です。当然、膨大な経費がかかりますが、バブル期には各企業とも驚くほど多くの人を採用していただけに、その人数を確保するためには、学生のレベルを落としてでも内定を出すほかありませんし、内定辞退を防ぐためには他社に負けないだけの「接待」をするほかなかったというのが実情でした。学生はまさに「金の卵」であり、「大切なお客さま」でした。

実際、私も学生時代、先輩たちがあまりにも簡単に内定を手にする話を聞いて、「就職活動ってこんなに簡単なんだ」と高を括っていました。しかし、いざ自分が就職活動をする際には就職氷河期と重なったことで、「話が違う」と慌てたことを覚えています。

こうした今では考えられないような「超売り手市場」で就職活動をした世代が、いわゆる「バブル世代」です。バブル世代は好景気の時代を経験し、好景気の時に恵まれた就職活動を行い、好景気の時に社会に出るわけですが、ほどなくしてバブルが崩壊したことで長く続く景気低迷の時代を生きることになります。

バブルの崩壊によって大きな痛手を受けたのは、バブル景気の中で業容を拡大し、不動産投資や株式投資に多額の資金を投じ、必要以上に多くの人員を採用した企業です。

要因としては、行き過ぎたバブルを抑えるための借り過ぎや貸し過ぎを防ぐために設けられた融資限度額に対する総量規制や地価税の導入、公定歩合の引き上げなどを挙げることができます。

資金を断たれた上に、融資の担保にしていた不動産の価格が急落、担保割れを起こして倒産に追い込まれる企業も少なくありませんでした。

結果、バブル崩壊によって過剰設備や過剰債務、過剰人員の問題を抱えることになった企業は、こうした負の遺産の解消に取り組むほかはなく、その1つとして「採用数の極端な抑制」に取り組むこととなったのです。

その意味では、就職氷河期世代はバブル期のあまりに大きすぎるツケを払わされることになったと言えるでしょう。

バブル崩壊を経て採用数の大幅縮小へ

ここまでのように、就職氷河期世代が生まれた背景には、バブル景気とバブル崩壊が深く関わっているわけですが、その影響の大きさは「採用計画の推移」（図表４）を見ればよく分かります。

このグラフは日銀短観をもとに私が作成したものですが、新卒の採用計画数の一番のピークはまさにバブル期で、１９９０年から92年は１６０万人前後に達しています。そしてそこに至る87年、88年もグラフだけ見ると少なく見えますが、実際には１２０万人近くの採用を計画していますし、そこから91年に向かって実に40万人以上も採用計画数が増えているところに、いかに当時の採用意欲が高かったかが分かりますし、これほどの高い採用意欲があれば超売り手市場になるであろうことも容易に想像できます。

ところが、バブルが崩壊したことで一気に採用計画数が減少し、ピーク時に１６０万人台だったものが95年には60万人台にまで減少しています。ピーク時の４割以下ということで、こうした急激すぎる採用計画数の減少が「就職難」ではなく、「就職氷河期」と呼ばれ

図表4 採用計画の推移

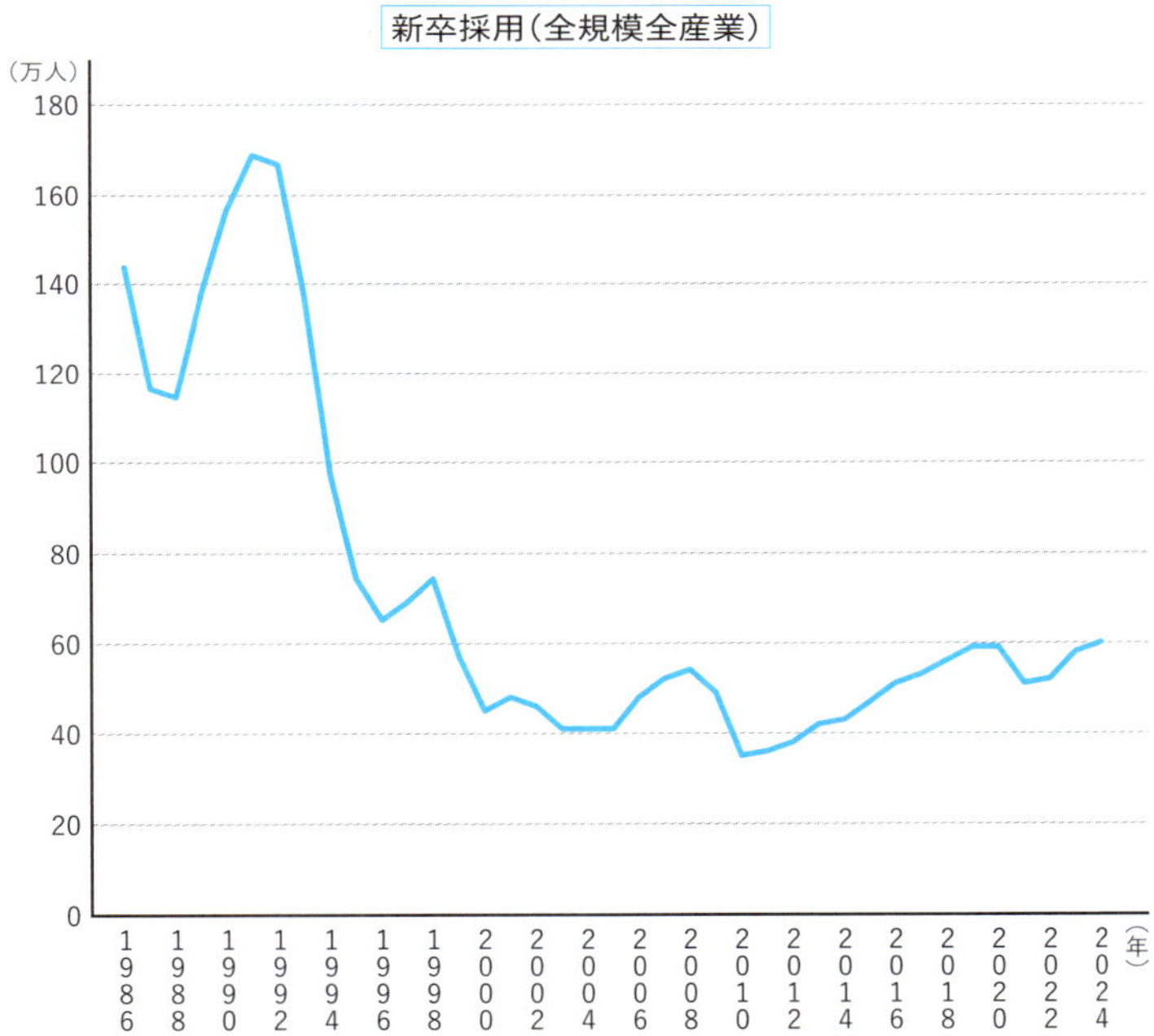

(出所)日銀短観を基に著者作成
著者注:「新卒」の範囲は回答企業が独自に定義したもの

る原因となったのです。

その後、いったんは回復へ向かう兆しもありましたが、さらに下がって2000年代前半が40万人となり、さらに一段下がったのが2008年に起きたリーマン・ショックの後になります。

このように、バブル崩壊以降の採用計画数は長く下落と低迷を続けたわけですが、ようやく上昇へと向かい始めたのはアベノミクス（2012年12月にスタートした第二次安倍政権で、安倍晋三首相が表明した「三本の矢」を柱とする経済政策のこと）以降となります。

アベノミクスに関して賛否両論あるのは確かです。しかし、少なくとも採用市場という点から見れば、かなりの売り手市場になっています。その意味では、就職氷河期はバブル崩壊をきっかけにして始まり、一般的には2000年代半ば頃までと言われていますが、実際にはアベノミクス以前までが就職氷河期といえなくもありません。

そして、もう1つ就職氷河期世代が就職活動で苦戦を強いられた要因としては、「地域別の有効求人倍率」（図表5）を見れば分かるように、地域格差が大きかったことと、有効求人倍率が0・5から1の間で推移していたということです。

図表5 地域別の有効求人倍率

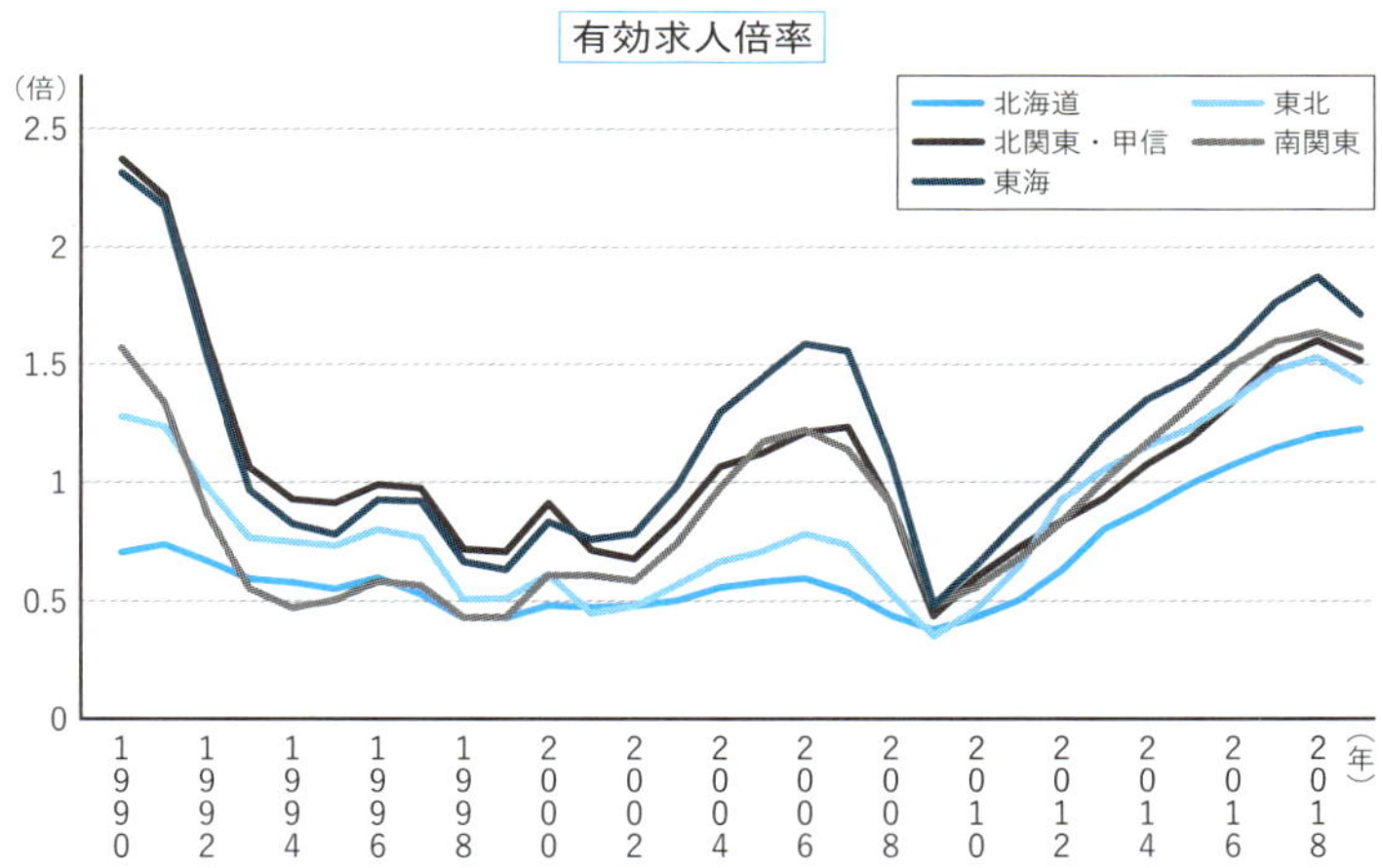

(出所)厚労省「職業安定業務統計」

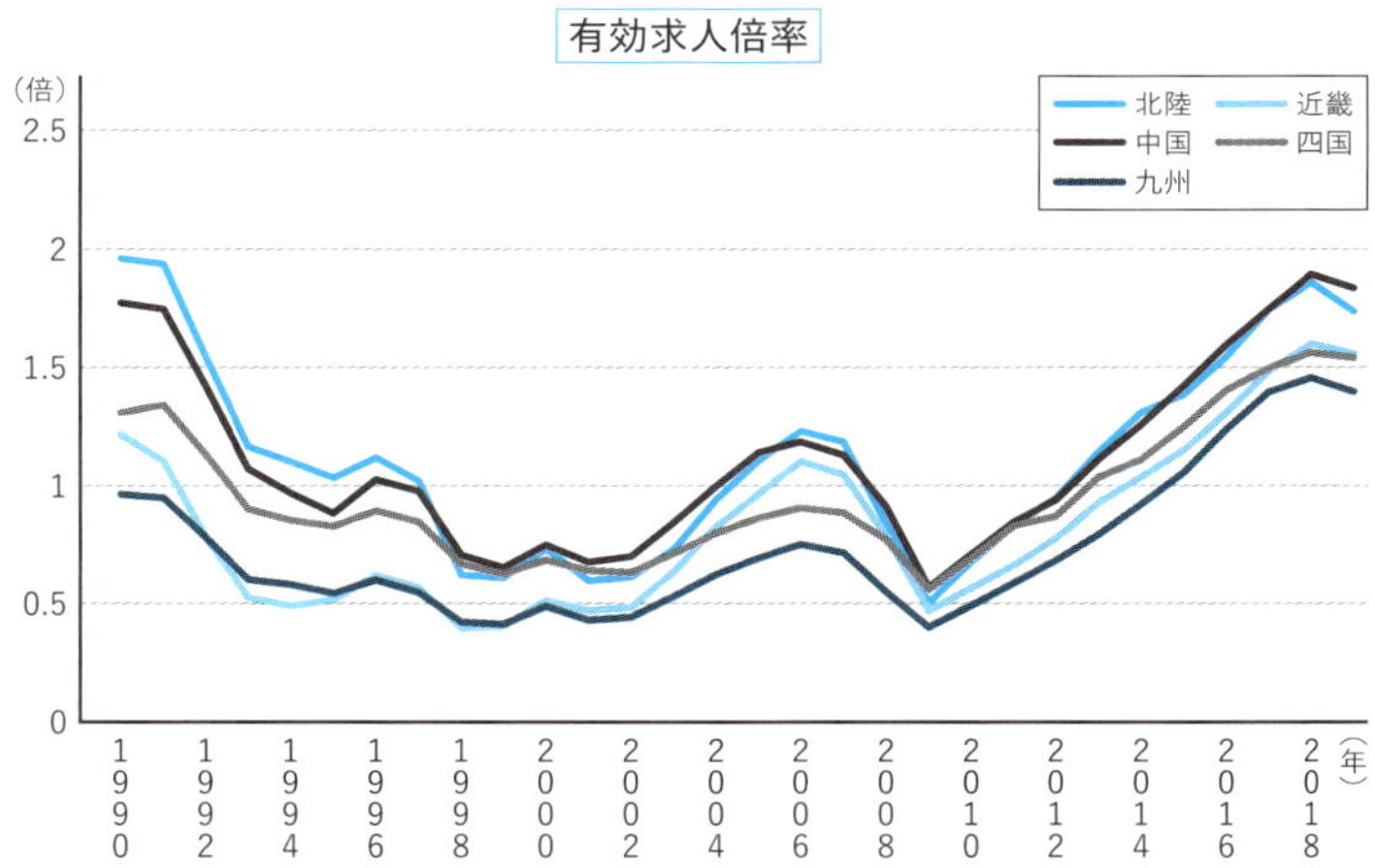

(出所)厚労省「職業安定業務統計」

アベノミクスの成果の1つとして、日本全国すべての都道府県で有効求人倍率が1倍を超えたことが挙げられます。しかしアベノミクス期に入る以前は、一部の地域を除き「1倍」を下回る状態が続いていましたから、これでは学生に限らず就職活動が厳しいのは当然のことと言えます。

背景として考えられるのは、就職氷河期というのはバブル崩壊後の負の遺産が大きかったことに加え、円高がものすごい勢いで進み、ピークでは1ドル70円台に達していたこともあります。これでは国内でものをつくって、海外に輸出しようとしても採算がとれませんから、自ずと生産拠点の海外移転が進むことになります。結果、地方の工場などが閉鎖され、地方の人にとっての働く場所が減っていった時代でもあります。

こうした状況下では、既に働いている人にとってはもちろんのこと、地方での就職を考えていた学生にとっては就職しようにも就職する場所がないということになります。

近年では地方創生やテレワークの普及などによって、地方にいても働くことが可能になっています。しかし当時の地方在住の就職氷河期世代の学生は、都会の学生とは違う苦しさがあったのではないでしょうか。

このように、就職氷河期世代というのは、学校を卒業して社会に出るという最も大切な

時期にバブル崩壊の影響などを受けて、採用数が大幅に減少して、就職活動自体大変な苦戦を強いられたわけです。

それでも「採用計画の推移」（図表4）が示すように、2000年代の前半から戦後最長の景気回復期に入ったことから、採用数は徐々に増える傾向にありました。そして新卒採用ではダメだった就職氷河期世代にも、それから5年、10年と経って、もしかしたら転職活動によって苦境を脱することができるのではというチャンスが巡ってきました。

ところが、その直後にリーマン・ショックが起こり、なおかつ2011年には東日本大震災が起こるなど景気が停滞する状況が訪れたことで、期待した抜け出すチャンスを逃すことになります。そして今や「人手不足の時代」が訪れ、企業は「人材獲得競争」を強いられているわけですが、残念ながら就職氷河期世代の多くは既に40代となり、50代を迎えている人もいます。これでは人材獲得競争に参加するのは難しくなります。

このように、就職氷河期世代は社会に出る段階で苦戦を強いられただけでなく、社会に出てからも苦戦を強いられることが少なくありませんでした。結果、社会に出た段階の苦しい状況を長く引きずることになったことで、将来的にも介護や年金といった不安を抱えたままの人が少なくないのです。

大企業が新規採用を抑えたことで深刻さが増した

先に見たとおり、バブル期には１６０万人を超えていた採用計画数が、バブル崩壊からほんの数年で60万人にまで落ち込みました。そしてさらに40万人台にまで減少し、それが長く続くというのはあまりに大きな変化と言えます。

その大きな原因となったのが、バブル期に大量採用を続けていた大手企業が大幅な採用抑制に踏み切ったことです。

先ほど全規模全産業の新卒採用計画の推移をグラフ化したものを紹介しましたが、そこに大学卒業者数と大企業の新卒採用計画を加えたもの「大学卒業者数と新卒採用計画」（図表６）を見ると、バブル期と就職氷河期の大企業の採用意欲の差がよく分かります。

大企業の新卒採用計画数を見ると、バブル期には大学卒業者数を上回る60万人もの採用を計画していたにもかかわらず、バブル崩壊以降は大学卒業者数を大きく下回る20万人程度にまで採用計画数が減少しています。

当時も今も、学生の多くは就職活動において志望するのは大企業です。大学生の就職希

図表6 大学卒業者数と新卒採用計画

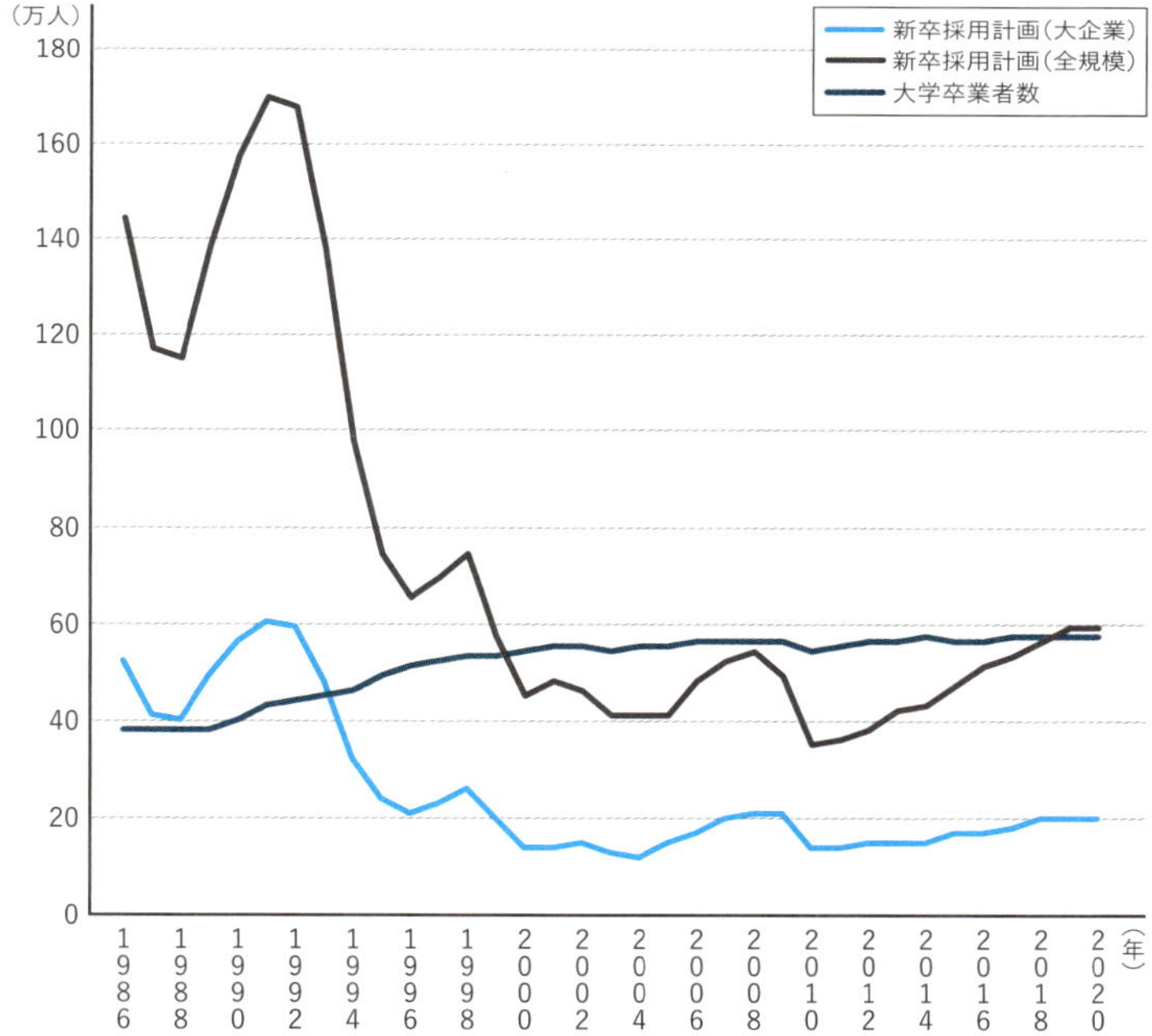

(出所)日銀短観を基に著者作成

望人気ランキングなどを見れば分かるように、上位に位置する企業は時代によって変化するものの、上位に並ぶ企業のほとんどが誰もが知る大企業であるというのは、当時も今もあまり変わっていません。だからこそ、大企業の採用計画は学生の就職活動に大きく影響するのです。

バブル期のように大企業がこぞって大量採用を打ち出し、積極的な採用活動を展開すれば、学生は少なくとも「応募」の苦労をすることはありません。もちろん、応募した学生のすべてが大企業に就職するわけではありませんが、志望する企業に応募することはできますし、大企業の激しい人材争奪戦の中で、男子大学生の半数近くが大企業に就職できる、というそれ以前では考えられなかったような結果となるのです。まさに超売り手市場ならではの現象です。

当時は、大企業においても将来の少子化に備えて、早くから優秀な人材を大量に確保しなくてはという考えがあったのも事実ですし、実際、大企業の多くがバブル景気の中で売上や利益を伸ばしていただけに、若い人材を必要としていたわけです。

しかし、そこにバブル崩壊が起こったことで過剰設備や過剰債務に加え、バブル期の大量採用がもたらした過剰人員問題が雇用環境の悪化につながり、就職氷河期世代を生み出したというのは何とも皮肉な結果と言えます。

よく言われることですが、就職氷河期の前半は景気低迷による業績悪化もあったものの、それ以上にバブル期の過剰採用の反動が、極端な採用抑制に向かわせることになった時期でもあります。企業というのは当たり前のことですが、安定して成長していくためには人材はできるなら毎年安定して採用する方が望ましいわけです。もちろん業績が極度に悪化すれば、採用人数の大幅な削減もやむを得ないにせよ、できるならゼロは避けたいし、採用ゼロの期間はできるだけ短くしたいものです。

極端な採用抑制が長く続くと、今も言われているように「入社して何年も経つけどちっとも新人が入ってこない」「管理職になったものの部下はほとんどいない」といった問題が生じるだけでなく、技術の継承といった面でも問題が起きることになります。にもかかわらず、バブルの崩壊からしばらく経った1993年頃から目立つようになったのが、大企業の「新卒採用ゼロ」の動きです。

また、採用ゼロではないものの、バブル期の採用人数を大幅に減らす企業が続出したことで、先ほどの表で見たように大手企業の採用計画数はピーク時の3分の1くらいにまで減少することになったのです。

そして、こうした採用数の減少は大手企業だけではありませんでした。

バブル期の採用市場の特徴は、大手企業が大量採用を計画しただけでなく、規模的には中堅・中小企業も積極的に採用活動を展開しました。なかでも当時勢いのあった不動産業界などは、急成長中だったということもあり、現有の社員数と変わらないほどの人数の採用を目指すなど、企業規模や業種を問わず、多くの企業が多すぎるほどの採用計画を掲げていました。

当然、こうした企業の中には、バブル崩壊の影響をまともに受けたところも少なくなく、これらの企業の採用数はゼロになっています。結果、大卒の求人倍率は急速に悪化することになりました。

１９９１年に２・86倍だった大卒の求人倍率は、１９９３年に２倍を切り、94年に売り手市場と買い手市場のボーダーラインと言われる１・６倍を切って１・55倍となっています。

採用関係者によると、求人倍率が１・６倍以上だと売り手市場、それ以下だと買い手市場となるようですが、94年に１・６倍を切ってからは98年を除いて実に12年間にわたって１・６倍以下の数字が続き、２０００年には１・０倍を切ったことさえあるところに就職氷河期世代がいかに就職活動に苦労したかがよく分かります。

求人倍率というのは、1・0を超えていれば、仕事を選ばなければ仕事はあるとも言えますが、現実には就職側には希望する企業や職種があり、採用側にも採用基準があるわけですから、お互いが納得のいく就職や採用を行うという意味では、1・6倍くらいは欲しいところです。

しかし、当時の企業にその余裕はなく、また、途中で山一證券や北海道拓殖銀行の破綻といった金融危機もあったことで、採用意欲がなかなか回復しなかったところにも就職氷河期が長引いた原因があるのではないでしょうか。

いずれにしても、バブル崩壊を機に企業が過剰設備や過剰債務の問題に対応せざるを得なくなったことに加え、バブル期にあまりにも多くの人を採用しすぎたことも、過剰人員の問題を引き起こし、バブル後の極端な採用抑制につながり当時の新卒者に多くの苦労を強いることになったのです。

進路変更を迫られた学生たち

バブル期には就職希望者をはるかに上回る求人がありましたが、1994年に求人倍率が1・6倍を切ってからは長い低迷の時代が続きます。理由としては、企業側の採用数の減少がありますが、一方で大学進学率の上昇に伴い、大学卒業者数は1990年代初めの40万人程度から、90年代後半には50万人を超えています。

就職氷河期というと、どうしても採用人数の減少に目が行きがちですが、同時に大学卒業者数も増加したことが就職環境をより厳しいものにしたという面があるのも確かです。求職者数が増える一方で、採用数は減少するわけですから、少ないパイをみんなで奪い合う椅子取りゲームになってしまいます。

では、厳しい就職戦線に勝ち残れなかったり、嫌気がさした学生たちはどうしたのでしょうか。文部科学省がまとめた「学校基本調査」の「大卒後の進路の推移」によると、大卒者の就職率は1990年・91年と80%を超えていたものが、95年から60%台となり、2000年からは50%台が数年にわたって続いています。

では、それ以外の学生はどうしたかというと、**「①新卒留年・大学院進学の増加」「②一時的な職に就いた者の増加」「③無業者の増加」**という特徴が表れています。

このうち「無業者」というのは、大学の卒業者数から大学院等の進学者数、就職者数を引いたものですが、その率が一時期は卒業者数の30％に達したこともあり、ここにも就職氷河期の厳しさが表れています。こうした人たちが選択肢として、派遣社員になったり、フリーター的な道を選ばざるを得なかったりしたと言えます。

就職氷河期のもう1つの特徴として挙げられるのが、大学院等の進学者の増加です。就職氷河期にはあまりの就職環境の厳しさから、卒業を1年遅らせるために留年したり、大学院に進んだりする人も少なくありませんでした。

就職環境が厳しい時、あるいは自らの就職活動が思うようにいかない時、こうした選択をする人は以前からいましたが、かつては1、2年待つことで状況が好転することも多く、決して悪い選択ではありませんでした。

しかし、就職氷河期に関しては、その期間があまりに長かったうえ、むしろ時が経つにつれて状況が悪化したため、より良い就職先を求めて大学院に進んだ人にとってはむしろ厳しさが増すことも少なくはありませんでした。

結果的に、大学院進学率の上昇は就職氷河期の深刻化に拍車をかけたのではないかというのが私の見方です。

日本の場合、当時は新卒というと学卒者を想定しており、修士課程はともかく、博士課程となると「博士は採用していません」という企業が少なくありませんでした。そのためせっかく大学院に進学しても、いざ民間企業に就職しようとすると、その枠は学卒者以上に狭く、就職活動に苦労することになります。

結果、新卒浪人や大学院進学者の中には、希望する職種どころか、正社員にすらなりたくてもなれない人もたくさんいました。

無業者もそうですが、日本の場合、非正社員よりも正社員の方がキャリア形成はやりやすいうえに、待遇という面でも正社員の方がはるかに恵まれています。

つまり、大学卒業者の就職率が低下し、大学院進学者や無業者が増えたことで、社会に出る時期が遅れたり、キャリア形成に支障を来たしたりしたことが、低い収入や資産形成の遅れ、さらには未婚率の上昇や年金不安などにもつながったのではないかと考えられます。

１９９０年代後半から増えてきた非正規雇用

就職氷河期世代は、バブル崩壊後の採用数の減少に直面し、採用ゼロによって希望する企業に応募するというスタートラインにすら立てなくなった学生もいれば、１００を超える企業に応募はがきを出しても面接はおろか説明会にすら進めない学生も多く、大変な苦労を強いられることになります。

それにより、正社員としての道を断たれ、アルバイトや派遣といった非正規雇用に進む人も少なくありませんでした。

日本の労働市場では、１９９０年代後半から非正規雇用の割合が急増していますが、背景にあるのはバブル崩壊後の経済の低迷です。企業が雇用コストを削減するために正社員の採用を抑制し、非正規の雇用を増やしたことが主な原因です。

非正規雇用にも、パート、アルバイト、派遣、契約社員、嘱託といくつもの区分があります。

パート・アルバイトは、週の所定の労働時間が短い労働者のことを指します。

契約社員は、一定期間の雇用契約を締結した労働者で、正社員よりは雇用が不安定なのですが、比較的高い賃金を得る人もいます。

嘱託は、特定期間で企業等から業務に携わることを委託される労働者で、社会保険に加入していないケースもあり、雇用としては不安定です。

そして、就職氷河期の問題としてしばしば取り上げられる派遣社員というのは、派遣会社と雇用契約を締結して、派遣先企業で働く労働者です。正社員登用の機会が設けられている場合もありますが、多くは非正規雇用のままで働いています。

そもそも、なぜこうした非正規雇用が増えたのかというと、理由は4つあります。

1つ目はここまで触れてきたバブル崩壊です。

とはいえ、バブル崩壊直後は一時期、リストラされるよりも、そもそも会社に頼らない生き方を実現するために、積極的に正社員ではなく、今でいう「フリーランス」的な働き方がかっこよく、正社員になって会社に縛られる働き方は古いという流れがありました。

しかし、経済低迷が深刻化すると、先ほども触れたように、企業が人件費の抑制を行うために、日本では正社員の解雇が簡単ではないことから、新卒採用の数を抑制して、代わりに非正規雇用を増やしたというのが最も大きな理由です。

2つ目は技術革新です。

技術革新では、それまで正社員が担っていた仕事の一部が機械化や自動化されると、企業はその分、正社員の数が必要なくなり、賃金水準が低くて労働力調整がしやすい非正規雇用を増やすことになります。

最近話題になっている生成ＡＩが本格的に活用されるようになると、これまで専門家が担っていた仕事でさえ生成ＡＩで代行できるようになるため、これまで以上に正社員の数は減るかもしれません。しかし、かといってその分、非正規雇用が増えるのかということさえ疑問です。

3つ目はグローバル化です。

今に始まったことではありませんが、生産拠点の海外移転が進めば、当然のように国内の雇用は減少しますし、海外からの部品調達などが増えれば、こちらも国内の協力会社の仕事は減ることになります。

4つ目は労働市場の規制緩和です。

日本の場合、いったん正社員として雇用すると、解雇するのはなかなか難しくなります。

そこで正社員を増やさない代わりに「雇用の調整弁」として活用できる非正規雇用者について法律改正などを受けて雇いやすくなったわけです。

つまり、バブル崩壊で不況になった時、バブル期に大量採用した人を初めとした正社員の首を切ることができない代わりに、企業は新規の採用を大幅に減らして、同時に主にシニア層に対して、割り増し退職金を支払うことで退職を促します。そして、新たに多くの派遣社員などの非正規雇用者を雇い入れることで人の問題を解決しようとしたわけですが、そのことが結果として就職氷河期世代を生むことにつながっています。

結果、就職氷河期世代の人たちは就職活動で大変な苦労を強いられ、運よく正社員になることができた人はともかく、そうでない人はパートやアルバイト、派遣社員といった非正規雇用での就職という道を選ばざるを得なくなったのです。

非正規雇用の問題点

総務省の「労働力調査」によると、2023年現在の非正規雇用者数は、2124万人となります。役員を除く雇用者のうち、正規雇用者の割合は63％、非正規雇用者の割合は37％ですから、４割近い人が非正規雇用ということになります。

非正規雇用者数は、２００５年には１６３４万人でしたから、現在は約１・３倍にまで増えています。そしてその内訳を細かく見ていくと、「非正規社員の内訳」（図表７）のようになります。

女性のパートが突出して増えているのは「女性活躍社会」というキャッチフレーズの下、働く女性が増えたということもありますし、景気の低迷の中で女性も働くことで家計を支えるという面も増えたからです。

このように、日本の労働市場において、今や非正規雇用の占める比率は高く、企業活動にとってなくてはならない雇用形態となっているわけです。しかし、やはり問題となるのは正規雇用の人と比較した場合の収入の格差であり、本来は正規雇用で働きたいにもかかわらず、希望が叶わず非正規として働かざるを得ない人たちが存在することです。

最近では、政府も最低賃金の引き上げに取り組んでおり、「同一労働・同一賃金」の実現も叫ばれています。しかし、今のところ一般労働者の平均年収が５００万円超なのに対し、パートタイム労働者の年収は１００万円台後半です。それでも賃金構造基本統計調査を見ると、むしろ賃金水準が低い人たちほど賃金が上がってきていますし、世間的に逆の見方をされがちですが、実は大企業よりも中小企業の賃金の方が上がっています。

大企業の場合、マスコミの報道だけを見ていると、たとえば初任給が30万円になりましたなど、大幅なベースアップが行われて給与が上がっているように感じます。しかし上がっているのは若い社員のケースが多く、就職氷河期に入社した40代の社員というのはむしろ給与を抑えられ、かつ50歳を過ぎたら役職定年や希望退職など、ここでも不遇な扱いを受けるケースが少なくありません。

その意味では、就職氷河期を経験して正社員になることができず、非正規雇用を選ばざるを得なかった人はもちろん苦しいのですが、正規雇用で働いている就職氷河期世代も収入の面や、仕事の面では苦しんでいるのではないでしょうか。

それでも、収入という面で正規雇用と非正規雇用の間に大きな格差があるのは事実であり、福利厚生面なども考えると、やはり非正規雇用は厳しい状況に置かれているのは間違いありません。

中には、正規雇用で働きたいにもかかわらず非正規雇用を選んだ人も当然いるわけですが、その数はこのところ１８０万人程度まで減っていますが、それでも失業者数を上回っ

図表7 非正規社員の内訳

男性

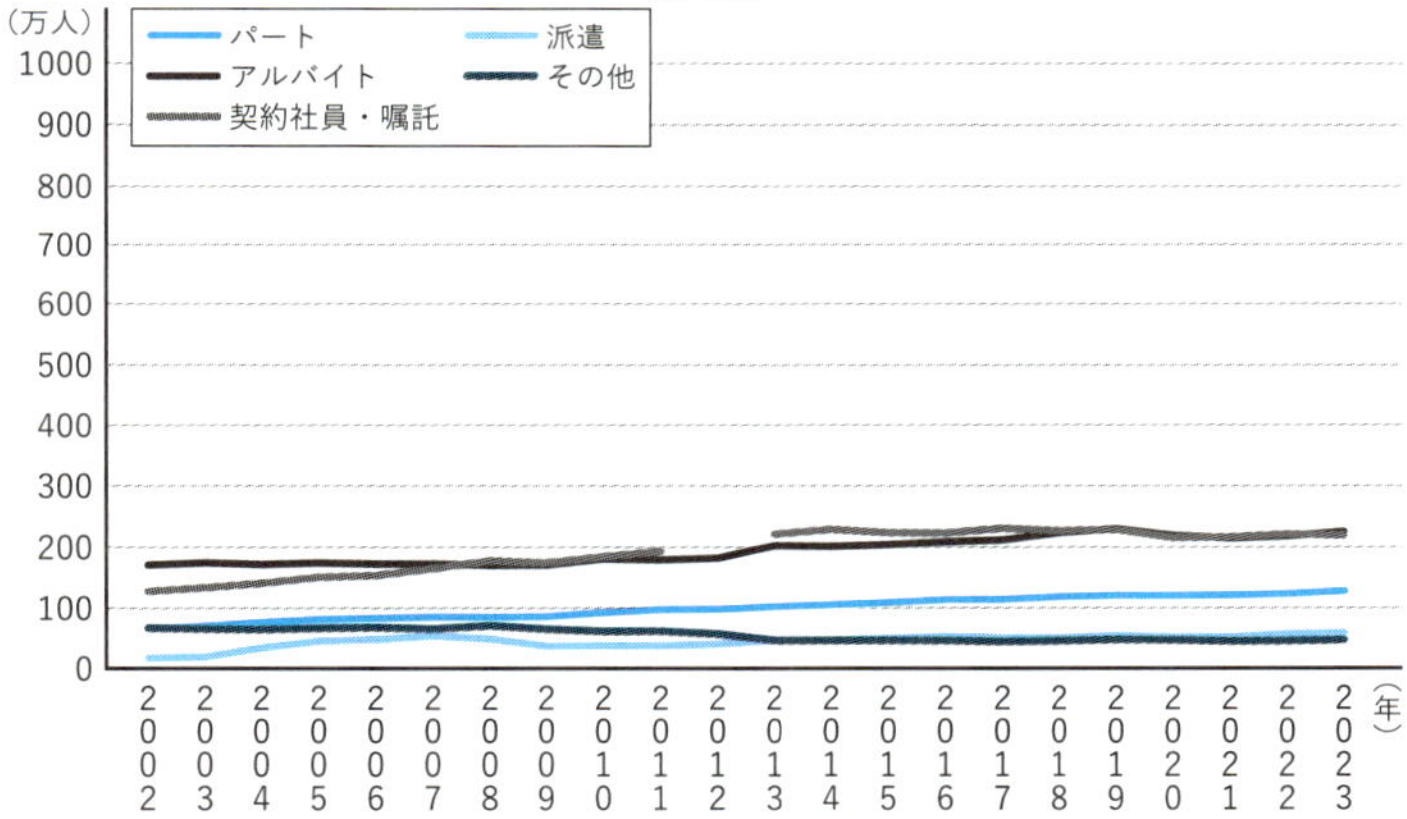

(出所)総務省「労働力調査」

女性

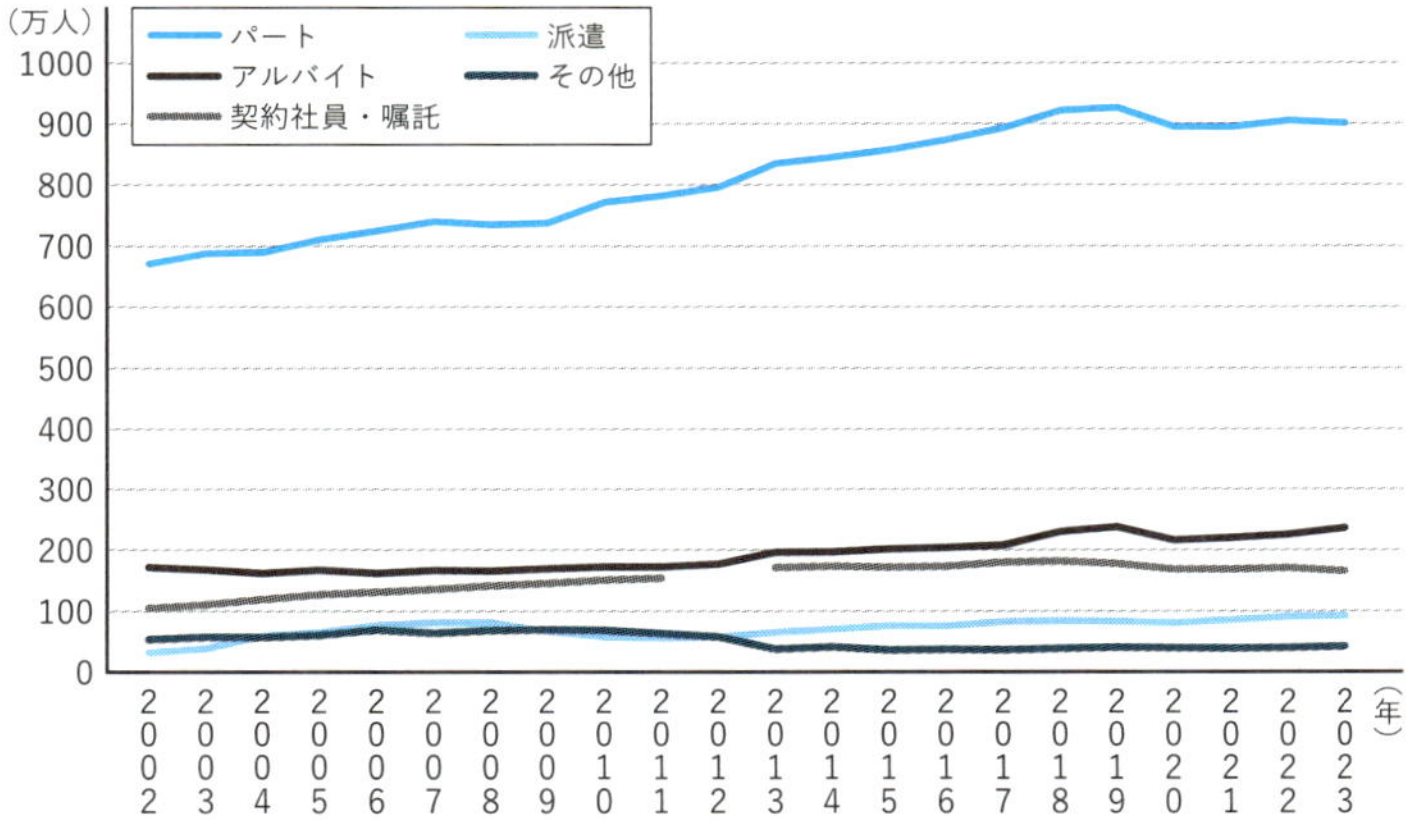

(出所)総務省「労働力調査」

ています。

それでも、「理由別非正規職員数」（図表8）が示すとおり、「正規の職員・従業員の仕事がないから」という人は男性も女性も最近は100万人弱と、2000万人を超える非正規雇用者の中の1割程度ということになります。それよりも「自分の都合の良い時間に働きたい」という人の数が圧倒的に多くなっており、**私はこのニーズに応えることが、非正規労働者の抱える課題の解決策になり得るのではと考えています。**

現在の日本では、正規雇用か非正規雇用かという二者択一になっています。しかし、仮に週5日毎日8時間働くのは難しいけれども、週に3日程度なら働けるというような人たちを正規雇用として雇う道が開ければ、正規雇用か非正規雇用かではなく、フルタイムの正規雇用か、パートタイム的な正規雇用か、非正規雇用かといった選択肢が広がることになりますし、深刻な人手不足が問題になっている業界にとっても救世主になるのではないでしょうか。

あるいは、日本では60歳になると定年を迎え、その後、再雇用されて働く人もたくさんいますが、こうした人たちの中にも「正規の職員・従業員の仕事がないから」という「不本意非正規」がたくさんいます。再雇用になると役職からはずれるだけでなく、給与もそ

図表8 理由別非正規職員数

男性

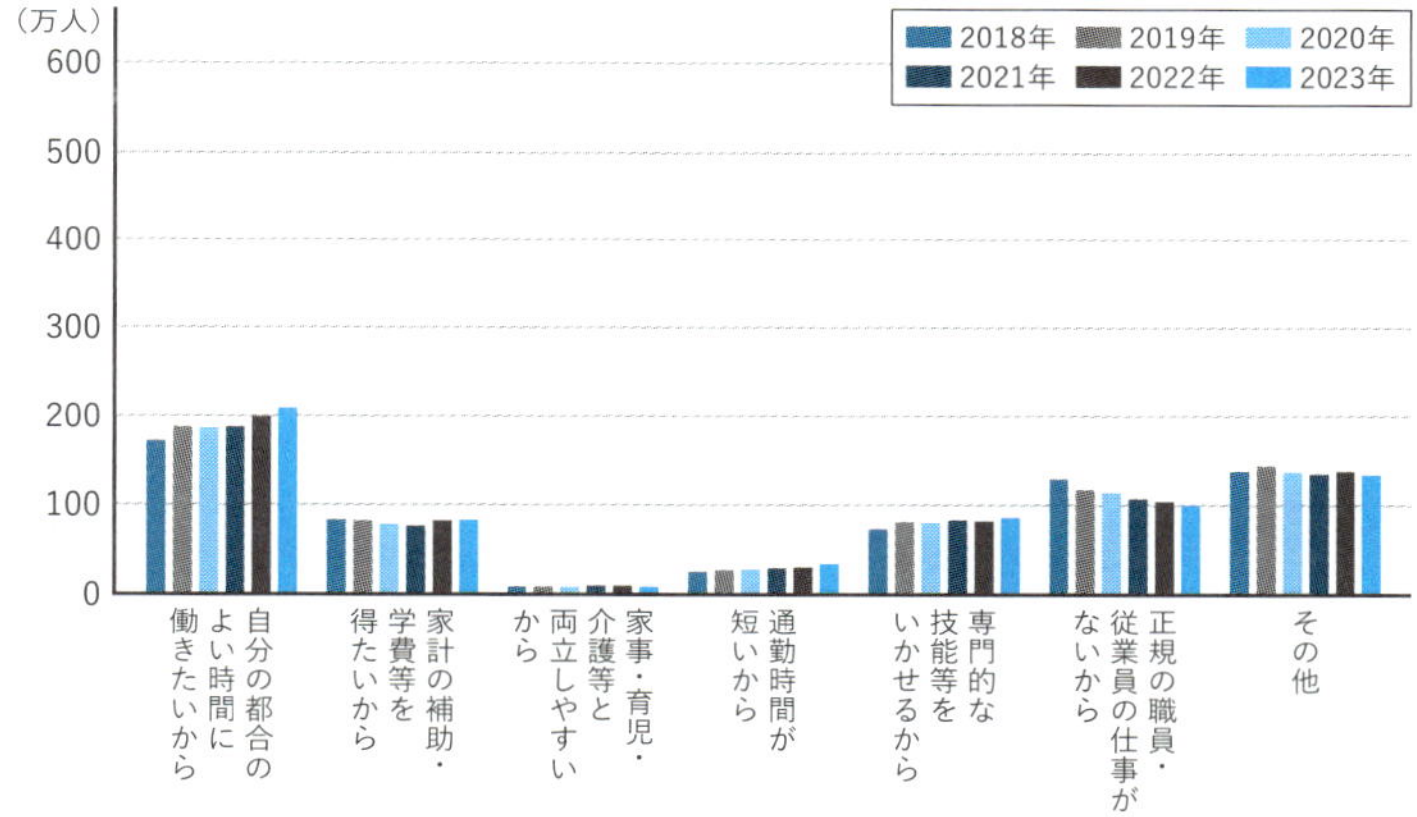

(出所)総務省「労働力調査」

女性

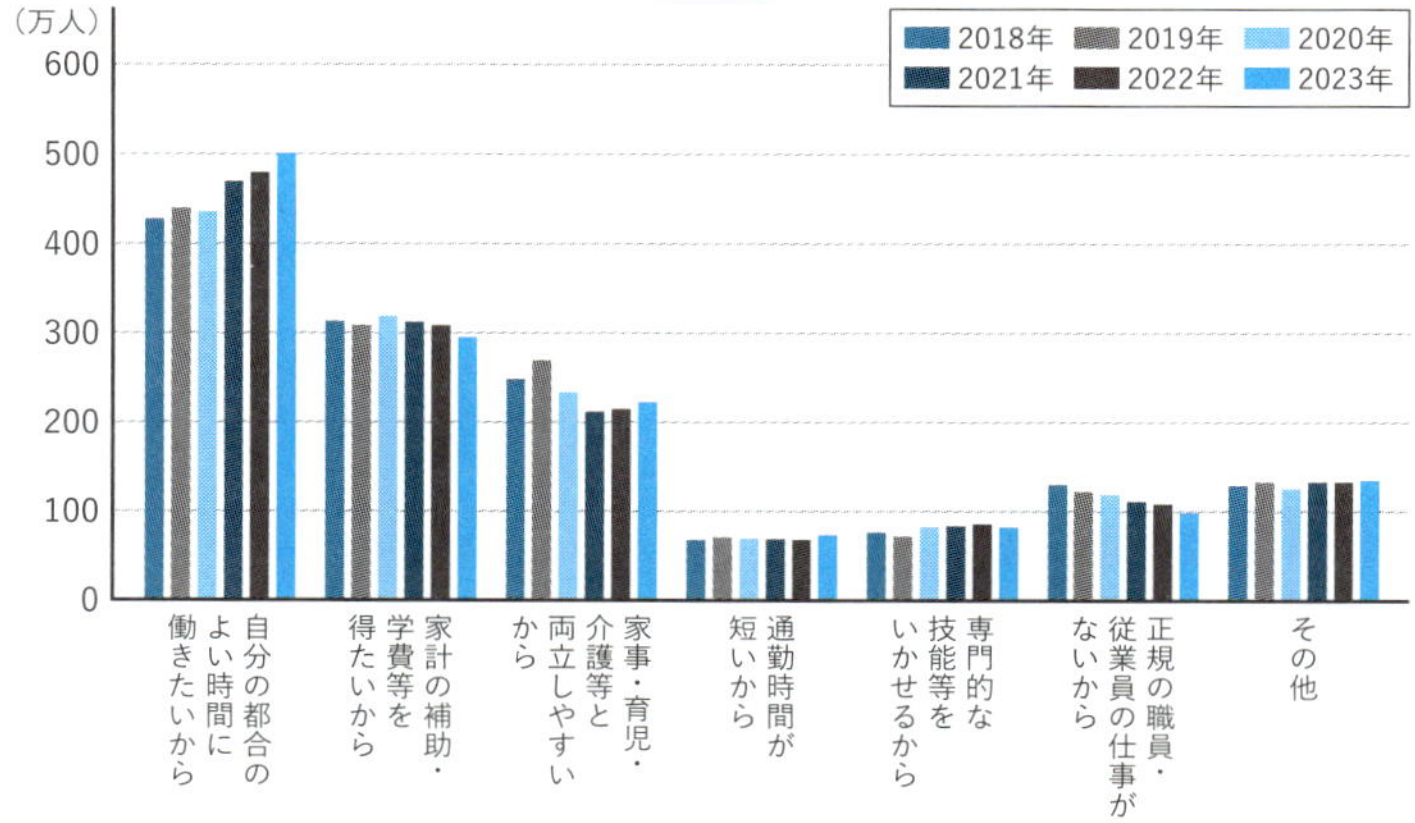

(出所)総務省「労働力調査」

れ以前の何割かになるわけですが、よく言われるように人間は「60歳」になったからといって急に体力や能力が低下するわけではありません。

むしろそれまでに培った能力や技術、人脈を生かす場もいくらでもあるはずで、こうした人たちは大企業ではなくとも中堅・中小企業で正規雇用として働けるようになれば、不本意非正規労働者も減りますし、個人にとっても企業にとっても「ＷＩＮ－ＷＩＮ」の関係になるのではと考えられます。

企業目線重視の派遣法改正

今日では、２０００万人を超える人が非正規雇用として働くなど、非正規労働者は日本の労働市場にとって欠くことのできない存在となっています。

先述のように、自ら選んで非正規雇用で働く人もいますが、就職氷河期が始まる前には新卒者にとって就職というのは正規雇用のことであり、非正規雇用で働くということはほとんど馴染みのないものでした。

これまで見てきたように、バブル景気の頃には大卒男子の半数近くが大企業に就職できたわけですし、大企業以外の企業も活発な採用活動を行っていただけに、大企業に進めなかった学生たちにとっても、就職活動は比較的恵まれたものでした。

そんな好景気を背景に、あえて企業に就職をするのではなく、アルバイトをしながら自分の夢を追いかける人もいましたが、**こうした人たちは「フリーター」と呼ばれ、当時は学校を卒業して企業に就職するという「正規」のキャリアルートよりも、むしろアグレッシブで前向き、ポジティブな生き方と評価されてもいました。**

「フリーター」という言葉が世に出たのは、バブル真っただ中の1987年です。リクルートのアルバイト情報誌「FromA」から生まれた言葉で、マスコミでも肯定的に報じられることが少なくありませんでした。

もっとも、当時の就職環境は完全な売り手市場ですから、仮に学校卒業時にフリーターという生き方を選んだとしても、いざ就職しようとすれば正社員としての受け皿が多かったことも、安心してフリーターを選ぶことができたのかもしれません。

しかし時代が変わって就職氷河期に入ると、新卒者でさえ納得のいく就職が難しくなり、ましてやフリーターの人が正社員としての就職を希望しても難しく、結果的にそのまま非正規雇用のまま生きるしかなかったというケースも少なくありません。

フリーターがバブル景気の中で誕生し、就職氷河期に苦労を強いられたように、バブル景気の少し前の1986年に施行された労働者派遣法によって派遣労働の範囲が拡大したことは、就職氷河期の学生にとっては採用数の減少をもたらしただけでなく、正社員としての就職の機会を失うことで、雇用の不安定化や低い収入、遅れるキャリア形成など多くの不利な状況をもたらす一因となりました。

かつては「労働者の供給」として禁止されていた人材派遣は、経済のグローバル化や企業の要請などもあって1985年に制定、翌年に施行されています。当初は専門知識を必要とする「13業務（86年に16業務に拡大）」を対象に派遣が解禁されています。

当時の日本企業の多くは、新卒の一括採用、終身雇用、年功序列賃金を基本としていただけに、派遣労働の解禁がこうした雇用の安定に悪影響を与えるのではという懸念の声もありました。しかし、当時はバブル景気に向かう時代であり、人手不足の解消策として歓迎される面もありましたし、また自分の専門知識を活かして自由に働けることが「新しい働き方」として肯定的に評価される面もありました。

労働者派遣法の施行後、企業が次々と派遣社員の導入に踏み切りますが、このことがバ

図表9 派遣・フリーターの推移

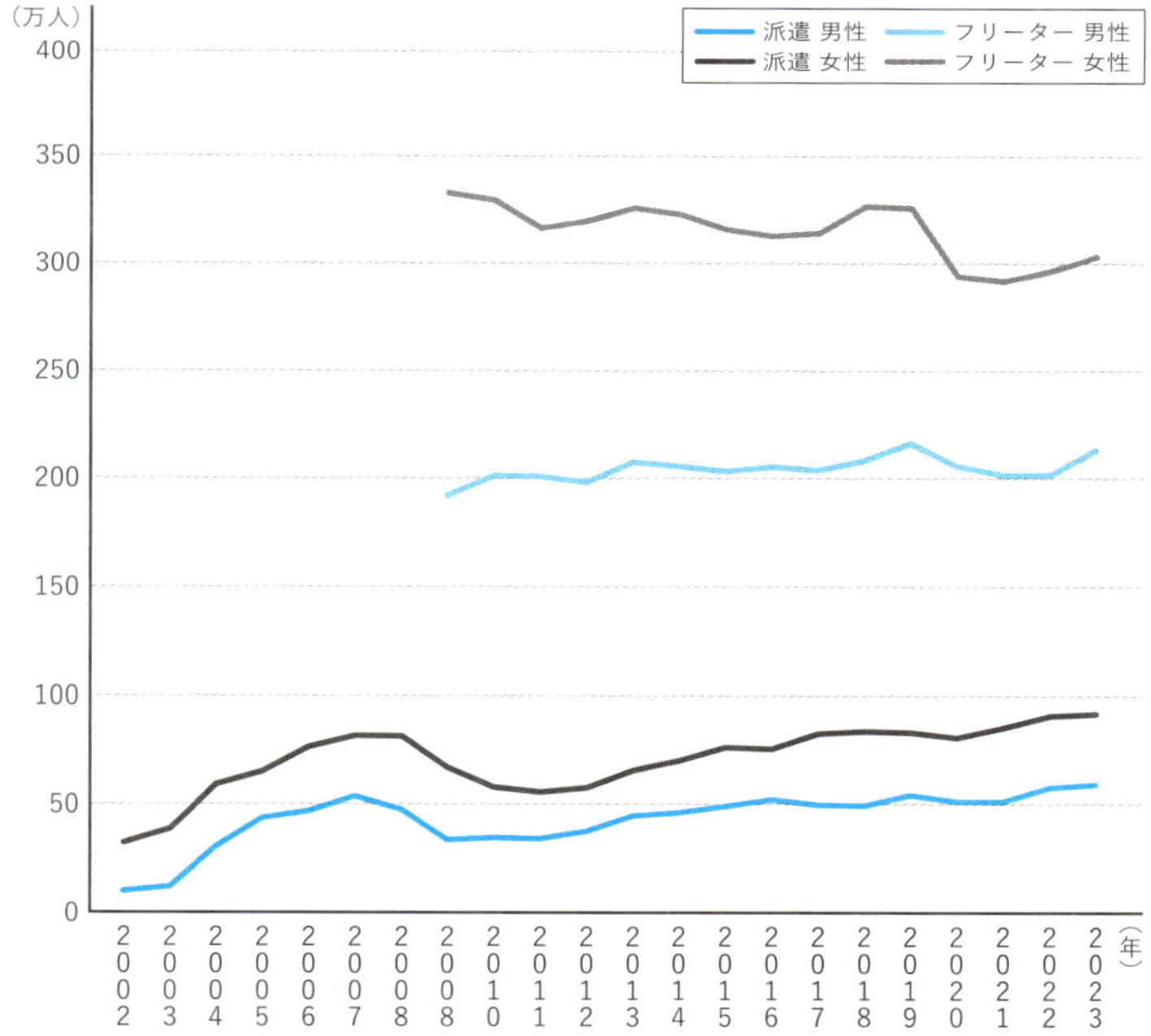

（出所）総務省「労働力調査」

ブル崩壊以降の就職活動に大きな影響を与えます。企業は正社員を安易に解雇できませんから、人件費削減のために正社員の採用を抑制して、代わりに派遣を積極的に活用するようになります。結果、当時の学生の就職機会を大幅に削ぐことになり、就職氷河期の深刻化に拍車をかけることになったのです。

さらに、労働者派遣法は企業の要望に沿う形で改正が進みます。

1996年には対象となる業務が26にまで拡大されたほか、1999年には規制緩和がさらに進み、派遣対象の業務が原則自由となり、許可された職種をまとめたポジティブリストという形から、禁止業務だけが定められるネガティブリストの形がとられるようになります。

そして2004年には、ニーズが高かった製造業務への派遣も可能になったほか、専門26業務への派遣期間の制限がなくなります。その後も改正は続き、企業にとって使いやすい仕組みとなっていきます。

一方で、問題も生じるようになり、2020年には「同一労働・同一賃金」や派遣労働者の保護強化など待遇改善に向けた取り組みも進みつつありますが、まだ正規雇用と非正規雇用の格差は大きく、格差是正へのさらなる取り組みが求められています。

労働者派遣法の施行から間もなく40年近くになるわけですが、同法は企業にとっては人件費の抑制や柔軟な人事政策を行ううえで大きな効果を発揮したのは確かです。しかし、就職氷河期世代にとっては採用数の減少をもたらしただけでなく、正社員の道を断たれて派遣労働などを選ぶという雇用の非正規化をもたらした仕組みでもありました。

当時の日本の企業の多くは、新卒一括採用で、終身雇用を基本としていただけに、新卒時に「正社員になる」というレールにうまく乗ることができなければ、再びそのレールに戻ることはとても難しくなります。

バブル期のように未曽有の好景気でもあれば、復活も可能だったでしょう。しかし、就職氷河期は10年を超える長きにわたっているうえ、その後もリーマン・ショックなどによって「正社員になる」というレールに乗れないままに、派遣やパート、アルバイトといった非正規雇用のままというケースも少なくありませんでした。

また、日本では正規雇用であればさまざまな経験や研修などを通して自分のキャリアを磨くことができますが、残念ながら非正規雇用の場合、キャリアを積む機会が極端に少なくなります。

結果、ただ年月だけが経ち、その間、十分なキャリアを積むことができず、「正社員になる」チャンスはますます狭まっていくことになったのです。

企業の要望で生まれた労働者派遣法は、バブル景気のなかではたしかに望ましいものだったのかもしれません。しかし、バブル崩壊後の不況の中では就職氷河期を生み、就職氷河期のなかで望むとおりの就職ができなかった人たちを苦しめ、さまざまな機会を奪う面があったというのも事実です。

リーマン・ショック、コロナ・ショックと就職氷河期の違いとは

では、その後も不況の時期があったにもかかわらず、なぜ就職氷河期はこれほど長期にわたり、かつ多くの人が影響を受けることになったのでしょうか。

本来、歴史にＩＦ（イフ）はありませんが、もし就職氷河期が存在せず、あるいはもう少し短期間で終わっていたなら、団塊の世代の子どもたちが含まれる氷河期世代がその人数の多さから就職して結婚し、そして子どもたちを産むことで日本の少子化は今ほどひどくはなっていなかったでしょう。そして、年金や介護の問題ももう少し違うものになっていたのではないかと考えると、残念でなりません。

就職氷河期の特異性は、その後に起きたリーマン・ショックやコロナ・ショックと比較するとよく分かります。

経済状況から見ていくと、2008年のリーマン・ショックは世界的な金融危機に端を発した経済の急落によるものですが、その時の景気後退が2008年2月から2009年の3月までの13カ月に対し、コロナ・ショックの場合はその前から景気は後退局面にあり、2018年から2020年の5月までの19カ月となります。

一方、日本のバブル崩壊による景気後退は1991年2月から93年10月までの32カ月ですから、それぞれ2倍、あるいは3倍近い長さとなります。リーマン・ショックの場合、直後の落ち込みはとても大きかったのですが、アメリカなどがバブル崩壊後の日本の状況をしっかりと分析したうえで、迅速にしっかりとした対策を打ったおかげで、1年ちょっとで終わっています。**その結果、リーマン・ショックやコロナ・ショックの直後も採用活動の縮小や、あるいは内定取り消し、派遣切りなどが問題になっていますが、就職氷河期のような長期にわたることはなく、比較的短い期間で回復に向かっています。**

もちろん、リーマン・ショックやコロナ・ショックの時も、学生たちは大きな影響を受けてはいます。しかし、比較的短期であったことに加え、就職氷河期と違って、その前に「新卒者を採り過ぎる」ということをしておらず、新卒採用を就職氷河期ほど極端に抑える必要がありませんでしたし、どちらかと言えば非正規雇用の雇用調整で対応できたという面もあります。

そして何より違うのは、日本の経済状況が２０１３年のアベノミクス以降上昇に転じて、雇用環境なども良くなり始めたことです。就職氷河期世代は10年以上の長きにわたって続きましたが、これでは大学卒業時に正社員になれなかった人たちが正社員になろうと挑戦する機会は限られてくるのに対し、リーマン・ショックやコロナ・ショックの場合は雇用環境が比較的早く好転したことで、再挑戦が可能になります。

そう考えると、就職氷河期世代というのはいろんな意味で運が悪かったというか、巡り合わせが悪かったとしか言いようがありません。

自己責任論から国による対策へ

就職氷河期世代は、バブル崩壊後の長きにわたる日本経済の低迷と、企業が過剰設備、過剰債務、過剰人員の解消のために新卒採用を抑制し、正規雇用から派遣など非正規雇用に切り換えていった結果として生まれたわけですが、国による支援が早期に実現することはありませんでした。

この背景にあったのは「自己責任論」です。

就職氷河期世代が納得のいく就職をすることができず、派遣やパート・アルバイトといった非正規雇用によって生計を立てるほかなく、奨学金の返済さえままならないほどの苦境に追い込まれても、国や社会は本人の甘えや、努力や能力の問題であるという「自己責任論」を掲げ、支援の手を差し伸べることはありませんでした。

「希望する仕事がない」という声に対し、今も聞かれることですが、「働く気になれば仕事はある。ないのは働く気がないからだ」という考え方をする限り、いくら大勢の若者が納得のいく仕事がなく、十分な収入が得られずに苦しんでいたとしても、その厳しさを国や社会が理解することはできませんでした。

それでも、ようやく国が就職氷河期世代を初めとする若者の就労難に関して対策を講じるようになったのは、2000年代に入ってからです。

転機となったのが2003年6月にまとめられた「若者自立・挑戦プラン」です。文部科学省や厚生労働省、経済産業省などが中心となってまとめたものですが、その中で「今、若者はチャンスに恵まれていない。高い失業率、増加する無業者、フリーター、高い離職率など、自らの可能性を高め、それを活かす場がない」と現状を分析、こうした現状を「国家的課題」であると指摘しています。

本プランで特徴的だったのは、「フリーターが約200万人、若年失業者・無業者が約100万人と増加している現状」に対し、それまでの「自己責任論」ではなく、問題の原因をこう捉えたことです。

「若年者問題の原因を、若年者自身のみに帰することなく、教育、人材育成、雇用などの社会システムの不適合の問題として捉えて対応する必要がある」

目標として掲げられたのは、増え続けるフリーターや若年失業者・無業者という問題に対し、「当面3年間で、人材対策の強化を通じ、若年者の働く意欲を喚起しつつ、全てのやる気のある若年者の職業的自立を促進し、もって若年失業者等の増加傾向を転換させること」でした。

それ以前の「自己責任論」が個人にすべての責任を負わせていたのに対し、「国家的課題」として捉えたことは画期的なことでしたが、本プランが打ち出されたのが２００３年ということは、就職氷河期に突入してから既に10年近くも経っていました。すなわち、就職氷河期の初期に大学を卒業した若者も既に30代に差し掛かっていたということです。

企業において30代と言えば、既に中堅の域に差し掛かっています。本来なら新卒として企業に入社し、３年程度の下積み経験を経て、徐々に後輩を指導し、そして管理職になっていくであろうという貴重な10年をムダにした人もたくさんいたはずです。

さらにプライベートに目を向ければ、結婚をして、家庭を持ち、子どもがいてもおかしくない時期に不安定な収入と身分の非正規雇用だったとすれば、家族を持つどころか、自分一人が生活していくだけでも大変な人がいたはずです。

そう考えると、就職氷河期は本当に多くの若者の人生設計を狂わせ、また企業では人材の空白期間を生み、国にとっても出生率の低下など多くの損失を招いたと言えるのではないでしょうか。

もちろん先ほどの「若者自立・挑戦プラン」を初め、国としても、

1 雇用保険の特例措置
就職浪人の生活を支援するため、雇用保険の受給期間を延長。

2 公共事業の拡大
雇用の創出を目的として、公共事業を拡大。

3 大学進学支援策
大学進学希望者を支援するために、奨学金制度を拡充。

4 就職支援事業
就職浪人の就職を支援するための事業の実施。

といった対策なども実施しました。しかし、公共事業の拡大も不充分でしたし、それが就職氷河期世代を支援することになったのかはかなり疑問です。

特に2000年代に入ってからは、こうしたさまざまな対策が講じられ、海外経済のおかげで日本の景気が徐々に回復傾向に向かったこともあり、就職状況も少しずつ改善しつ

つあったのですが、２００８年にリーマン・ショックが起こり、２０１１年には東日本大震災が起こるなどして再び腰折れしたという面があります。

そのため、就職氷河期世代の人たちというのは、卒業して社会に出る時にはもちろん大変でしたが、そこから長く不況期が続き、リーマン・ショックや東日本大震災なども起こったことで、挽回するチャンスに恵まれませんでした。結果、前に触れたように非正規雇用の割合が高いとか、低賃金で働くといった身分や収入の不安定さという問題が根本的に改善されることはありませんでした。

その後、アベノミクスにより求人倍率などが改善されたことで、就職氷河期の「就職したくても採用してくれる企業がない」という状況からは脱し、当時に比べれば就職しやすくはなっています。しかし、就職氷河期世代も今や40代以上に差し掛かっているだけに、今度は年齢の壁や、求められるスキルとのミスマッチに苦しんでいます。

生成ＡＩが企業の現場に本格的に入ってこようという時代、現場で働いている人たちでさえその変化に対応するのは大変なのに、これまでに十分なキャリアを積むこともできず、学びの機会も限られていた就職氷河期世代にとってこのような変化に対応するのは至難の業と言えます。

こうした問題を解決するためには、就職氷河期世代がスキルアップできる機会を支援したり、企業側も採用基準を見直したりといった対策が必要になります。しかし、企業の現場では40代というのは既に早期退職の対象になり得る存在ですから、ここから就職氷河期世代の就職環境が劇的に良くなるというのは考えにくいと言えます。

むしろ、就職氷河期世代がこれから直面することになる介護や、低年金対策をどうするかといったことの方が優先事項かもしれません。

いずれにしても、バブルが崩壊した後に新卒採用を抑制して、非正規雇用を増やすことで就職氷河期世代を生み、かつ10年以上にわたって就職氷河期世代を放っておいたというのは、就職氷河期世代にとってはもちろん悲劇であり「割を食った」わけですが、そのことがその後の日本経済に与えた悪影響を見ると、同時に日本経済と日本人全体が「割を食った」と言えるのではないでしょうか。

第2章

「就職氷河期世代」の雇用事情

大企業勤務が少なく、平均賃金が低い

第1章では「就職氷河期世代がなぜ生まれたのか」という背景を見てきました。その中で、就職氷河期世代が不安定な雇用を余儀なくされ、結果として収入面や資産形成でも他の世代に比べて不利な状況にあることが分かりました。そこで本章では、より具体的に「雇用」という面を見ていくことにします。

就職氷河期の前にはバブル景気があり、大企業も新卒の大量採用を行った関係で学生にとっては超売り手市場となり、大卒男子の半分近くが大企業に就職できたわけです。しかしバブルが崩壊すると、この時の大量採用が重荷となり、大企業は一気に採用数の縮小に舵を切っています。

具体的には、第1章で紹介したとおり、バブル期の大企業の新卒採用計画数はピーク時には60万人となっていたのに対し、就職氷河期に入ると20万人前後にまで落ち込んでいます。対する大学卒業者は、バブル期が40万人前後、就職氷河期が50万人前後ですから、この数字を見ただけでも、バブル期の学生と就職氷河期の学生のどちらが大企業に就職しやすかったかが一目瞭然です。

そしてより顕著なのは、「雇用者の大企業割合」（図表10）を時系列で見たグラフです。就職氷河期の少し前はバブル期ということで、男性は30％を超える山ができていますが、

図表10 雇用者の大企業割合

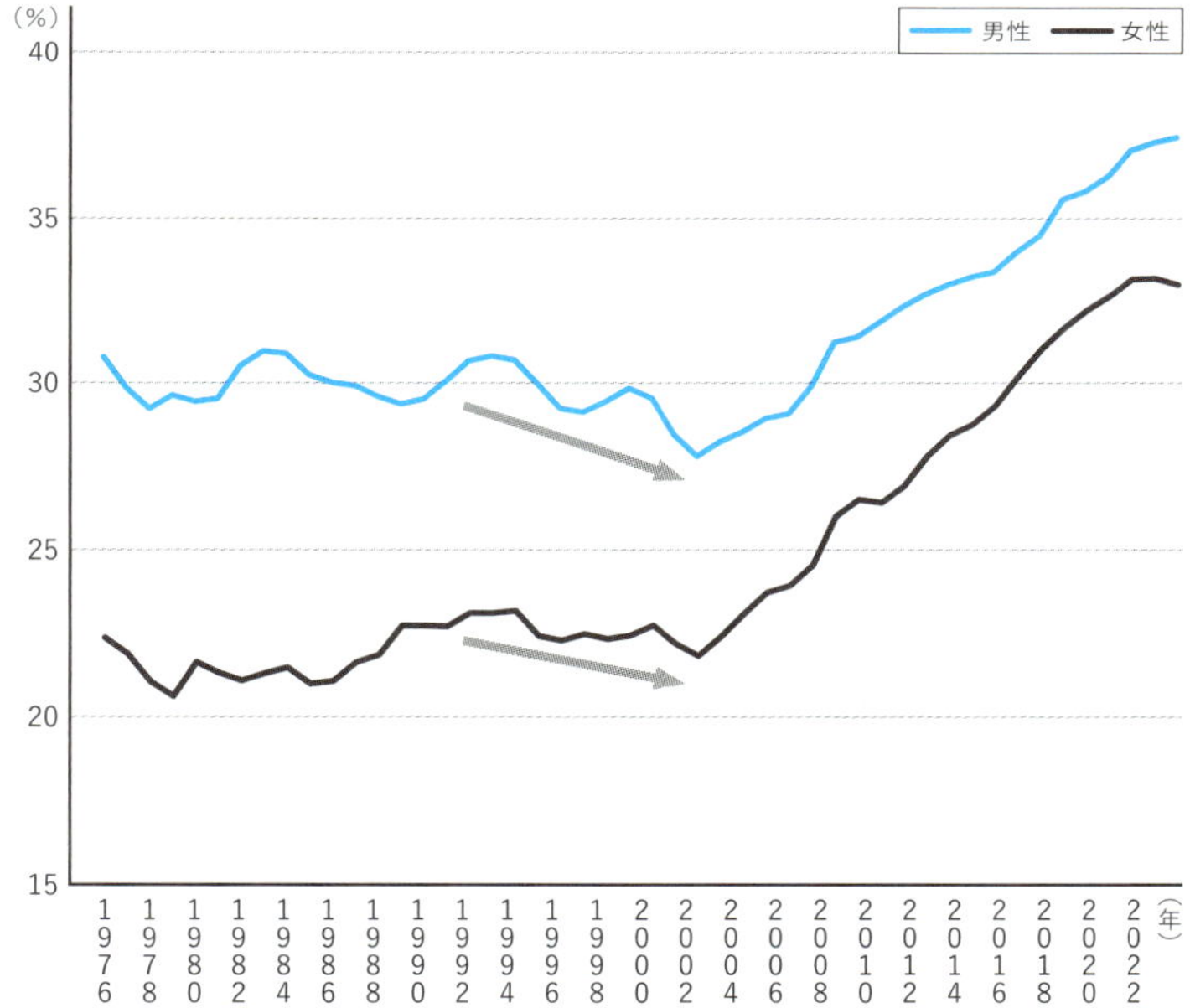

(出所)総務省「労働力調査」、図表中の矢印は著者

そこからは一時的な持ち直しがあったものの、就職氷河期が終わるまで低下し続けています。女性も同様に就職氷河期が終わるまで低下し続けています。

背景としては、大企業の採用数が大幅に縮小されたため、就職氷河期の人たちは中堅・中小企業への就職や、非正規雇用の道を選ばざるを得なかったということです。

就職氷河期世代は、間違いなく大企業への就職という点では「割を食って」いたといえるでしょう。

こうした大企業への就職比率の低さは、当然のように収入にも影響します。

厚労省の雇用勤労統計における「労働者の平均年収」(図表11)によると、就職氷河期となる90年代後半から2000年代後半の一般労働者の平均年収は低下トレンドにあります。

特に就職氷河期世代は、大企業の勤務割合が低いのに加え、若い時に中堅・中小企業への就職や非正規雇用の道を選んだ人も多かったということで、その後どこかの企業で正社員になったとしても、それ以前のキャリアが不十分で、年収などが大卒ですぐに正社員になった人たちに比べて低めになるということもあるのではないでしょうか。

それでもこの数字はあくまでも「一般労働者」ですから、下がっても約400万円台後半ですが、問題となっているパート・アルバイトの人たちの年収とははるかに大きな差が

図表11 労働者の平均年収

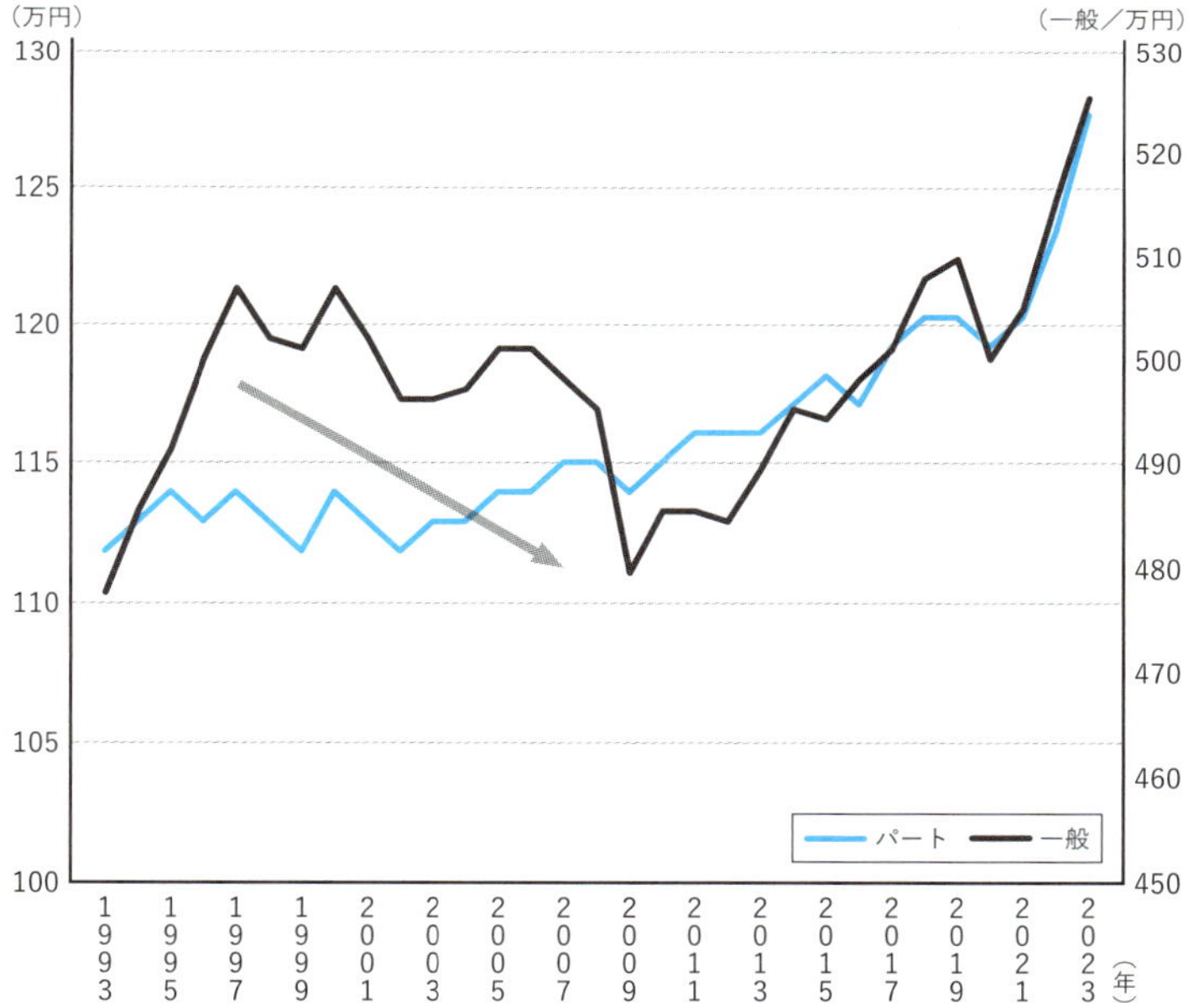

(出所)厚労省「雇用勤労統計」、図表中の矢印は著者

あります。

そのことが本人の生活だけでなく、結婚や介護、将来の年金などすべてに影響するということで、政府も２０１９年から「5年間で正規雇用30万人の純増を目指す」という活動に取り組んでいます。

主な取り組みとしては、

1、求人情報の提供
ハローワークやインターネットを通じて、就職氷河期世代向けの求人情報の提供。
2、就職支援
就職活動の面接対策や履歴書の書き方など、就職活動を支援する事業。
3、リスキリング対策
AIやデジタル技術など、新たなスキルを習得するための支援の実施。


などですが、その成果は「正規雇用と非正規雇用の推移」（図表12）の通りです。

正規雇用労働者は２０１９年に比べて２０２２年までに8万人増えていますし、非正規

図表12 正規雇用と非正規雇用の推移

就職氷河期世代の中心層(2022年時点の39〜48歳)

(万人)

	2019年	2020年	2021年	2022年	
					2019年差
正規雇用労働者	923	924	929	931	+8
非正規雇用労働者	378	368	369	379	+1
うち不本意非正規	46	43	40	39	−7
役員	52	57	58	62	+10

(出所)内閣府「就職氷河期世代の就業等の動向」

雇用労働者は1万人の増加にとどまっています。目を引くのは、正社員になりたいけれども、仕方なく非正規で働いているという不本意非正規の数で、こちらは7万人減少しています。

このように、就職氷河期から随分と時間が経ってしまったとはいえ、国としてもさまざまな対策を講じることで、就職氷河期世代の雇用環境も徐々に改善されつつあります。しかし、この世代は卒業する時にはバブル崩壊の影響を受け、その後もリーマン・ショックや東日本大震災、さらにはコロナ・ショックと度重なる景気の悪化、雇用環境の悪化の影響を受け続けています。

くわえて、就職氷河期世代が社会に出る頃にはパソコンは普及しつつありましたが、1995年頃からインターネットが本格的に普及し、ＩＴ化が一気に進んだほか、最近では生成ＡＩの企業での活用が増えたことで多くの仕事がなくなる可能性があり、変化を強いられたりもしています。こうした影響も強く受けたことで、就職氷河期世代の雇用環境というのは常に厳しい状況に置かれることになっています。

その意味でも、就職氷河期世代の雇用問題というのは、個人の問題というよりは、日本経済全体の問題と言うことができます。

中年になった今も ポスト縮小や抜擢人事で割を食っている

では、就職氷河期にもかかわらず運よく大企業に就職し、正社員として働く人たちは「勝ち組」と言えるのかというと、必ずしもそうではないところに就職氷河期世代の辛さがあります。

就職氷河期世代の最後と言われているのは現在30代後半となっています。30代後半（以上）と言えば、組織では中核的な役割を担う年頃ですが、就職氷河期世代ならではの苦労も経験しています。

就職氷河期の特徴として、バブル期に企業はそれまで以上に多くの人材を採用したため、上の世代がつかえてたことがあります。

たとえば、バブル期に２００人を超える新卒を採用した企業が、就職氷河期にはその半分、あるいは年によっては数十人程度の採用数に抑えたため、人員構成として上の人数がやたら多く、ポストが埋まっているのです。そのため就職氷河期世代が昇進しようとしても上に人が多すぎて、年齢に相応しいポストに就きたくても空きがないのです。

かつ、多くの企業ではＩＴ化やＤＸ（デジタルトランスフォーメーション）化が進むことで、年功序列も見直した管理職の少ないフラットな組織づくりが進んでいます。言わば、ポストが少なくなったうえ、そのポストをバブル期の入社組が押さえてきたため、就職氷河期世代にとっては目指すゴールにたどり着けないというか、そもそもゴールがあまりに遠くなっているのです。

さらに問題なのは、就職氷河期には期間全体を通してそもそも採用人数が少なかったため、年数を経て管理職になったとしても、いつまでたっても下が入ってこず、下の役割の仕事をやりながら、管理職的な仕事もやらなければならないという、プレイングマネジャーの時期が長く続いています。これは上の世代にはなかったことです。

上の世代の人間は経験を積み、管理職になると、プレイヤー的な役割は減り、本格的なマネジメントの経験を積むわけですが、就職氷河期世代は肝心の部下が少ないため、マネジャーとは名ばかりで、プレイヤーとしても働き、かつ成果を上げることを求められていることが多いのです。いわば、上の世代ほど本格的なマネジメントの経験を積めていないため、管理職や経営層になるための準備が不足しているのです。

さらに就職氷河期世代は、その上の世代よりもパソコンには馴染みがあっても、若い世代のように生まれた時からスマホなどに親しんできたわけではありませんから、デジタルとなれば、やはり若い世代の方が親和性は高く、ここでも強みを発揮することはできません。

２０２０年に新型コロナの感染拡大が始まってからの数年間、企業ではオフィスに出社することなく、リモートワークを導入するケースが多かったのですが、その際、ＩＴ機器の操作になれない年配の人たちが大変な苦労を強いられました。確かにＩＴ機器の進化は若者にとっては歓迎すべきものでも、それらが苦手な世代にとっては大変なハンデとなります。

ここまで見てきたように、就職氷河期世代というのは、運よく、あるいは努力の甲斐あって大企業に就職し、正社員になったとしても、決して安泰ではなかったのです。

就職氷河期世代が社会に出た頃からインターネットの本格的な普及が始まり、その後、ＤＸの推進などもあり、就職氷河期世代が中心となっている事務職や営業職などはデジタル化や効率化により人員削減の対象になりやすかったうえ、組織のフラット化が進むことで、本来なら就くことができたはずのポストも縮小されています。

しかも、そのポストの多くは大量に採用されたバブル世代によって占められており、たとえ管理職になったとしても採用人数が少なく、部下はなかなか入ってこず、就職氷河期世代の管理職はマネジャーでありながら、プレイヤーでもあることを求められています。結果、本格的なマネジメントの経験を積む機会は乏しく、管理職や経営層への登用が遅れる原因ともなっています。

それどころか、企業は就職氷河期の採用抑制の穴を埋めるべく、企業が中途採用に力を入れたり、若手の抜擢人事も行ったりしたため、そのあおりで就職氷河期世代のキャリア形成はさらに遅れることになります。

そしてもう1つ、就職氷河期世代の不幸は「人生100年時代」が叫ばれるようになったことです。

就職氷河期世代の多くが40代から50代前半となり、かつてなら「キャリアの折り返し点」や「キャリアの最終局面」に差し掛かるところでしたが、「人生100年時代」ともなると、ゴールは遠のき、新たな人生設計を求められるほか、仕事人生もまだまだ続くために、将来に向けて生成AIなどリスキリングまで求められるだけに大変です。

こうしたことから就職氷河期世代は社会に出る時に「割を食った」だけでなく、社会に出てからも「割を食い続けている」と言えるかもしれません。

フリーター&派遣社員率が高く、全体賃金が目減りしている

このように、就職氷河期世代の中でも恵まれているはずの正社員も、入社してからはさまざまな苦労をしているわけですが、正社員ではない非正規雇用の人たちの苦労はさらに大きなものがあります。

まずは就職氷河期世代の雇用事情ですが、表にある通り２０２３年時点で氷河期世代のボリュームゾーンとなる30代後半から40代前半のフリーターや派遣社員といった「非正規雇用率」（図表13）は特に男性で２０１８年に比べて上昇しています。

最近でこそ以前に比べて転職が当たり前になってきたとはいえ、日本の場合は最初の段階で非正規雇用の道を選んでしまうと、そこから正社員になるというのはなかなか難しいものがあります。

企業が履歴書や職務経歴書でキャリアとして見るのはあくまで正社員としてどこに何年勤め、どんな仕事をしてきたのかですから、非正規雇用のたとえばアルバイトやパート、派遣社員時代の経験というのはキャリアとして認められにくいところがあります。

そのため、非正規雇用からスタートしてしまうと、そこから正社員への転換は難しく、結果として就職氷河期世代の人たちの非正規雇用割合は他の世代よりも高くならざるを得ないのだと思います。

非正規雇用の場合、どうしても雇用が不安定で、収入も低くなります。結果、就職氷河期世代は経済的な困窮に陥る率も高く、婚姻率も低くなります。

実際、拙著『男性不況』（東洋経済新報社）で紹介したように、男性の場合、20代、30代ともに、年収が高くなるほど既婚率が高くなる傾向が表れています。

一方、年収３００万円未満では、20代、30代ともに既婚率は９％前後となります。これは、その次に既婚率の低い年収３００～４００万円の男性と比べても17％ほど差が開いており、極めて低い水準となります。

では、年収３００万円未満の男性がどのくらいいたのかというと、国税庁の調査（民間給与実態統計調査）によると、２０１０年の段階で全男性納税者の23・４％が年収３００万円未満となり１９９７年以降増え続けていました。

まさに就職氷河期世代と重なる数字だけに、このことが少子化に拍車をかけているとすれば、就職氷河期世代を生み、長きにわたって放置してきたことは、日本という国にとっ

図表13 非正規雇用率

男性

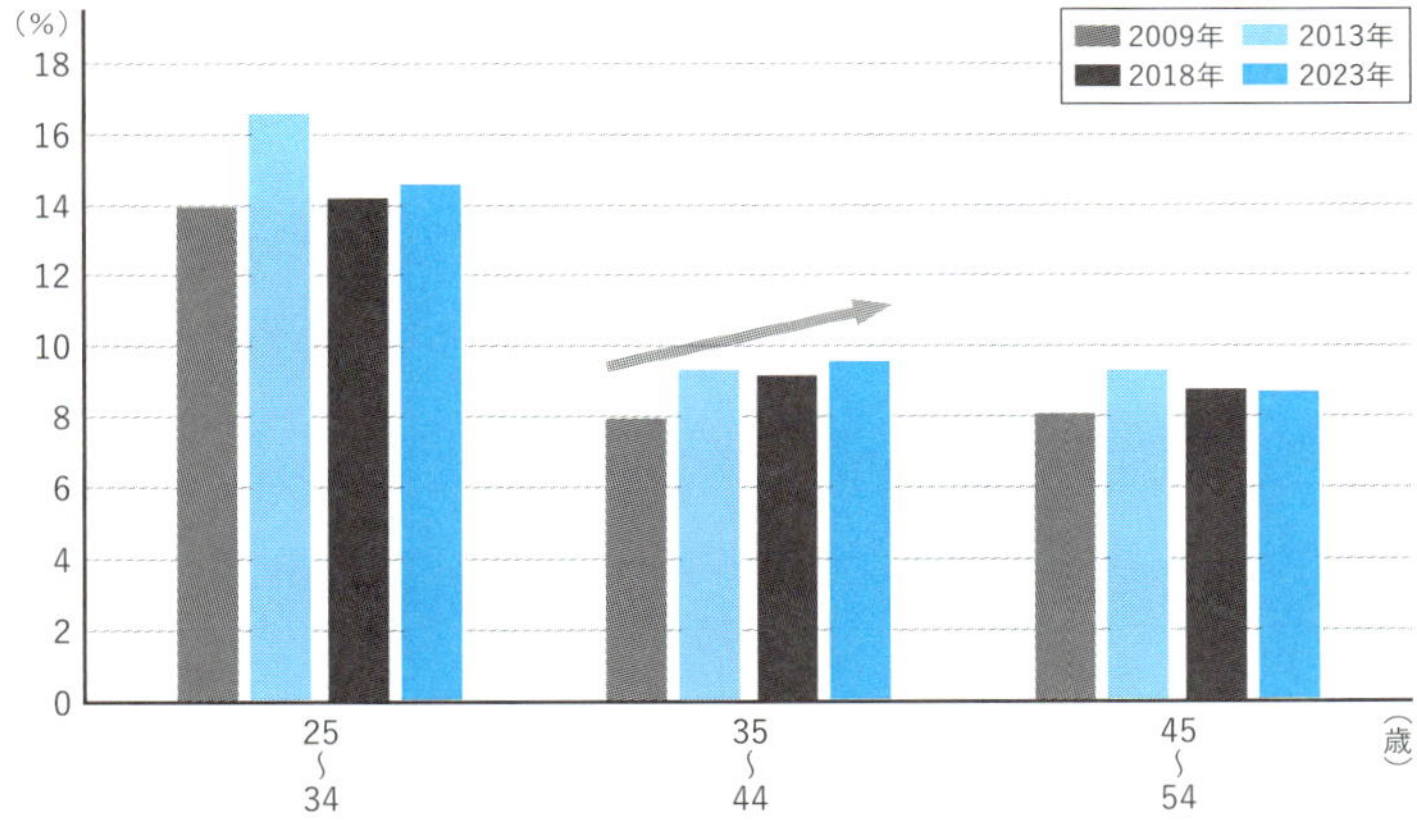

(出所)総務省「労働力調査」、図表中の矢印は著者

女性

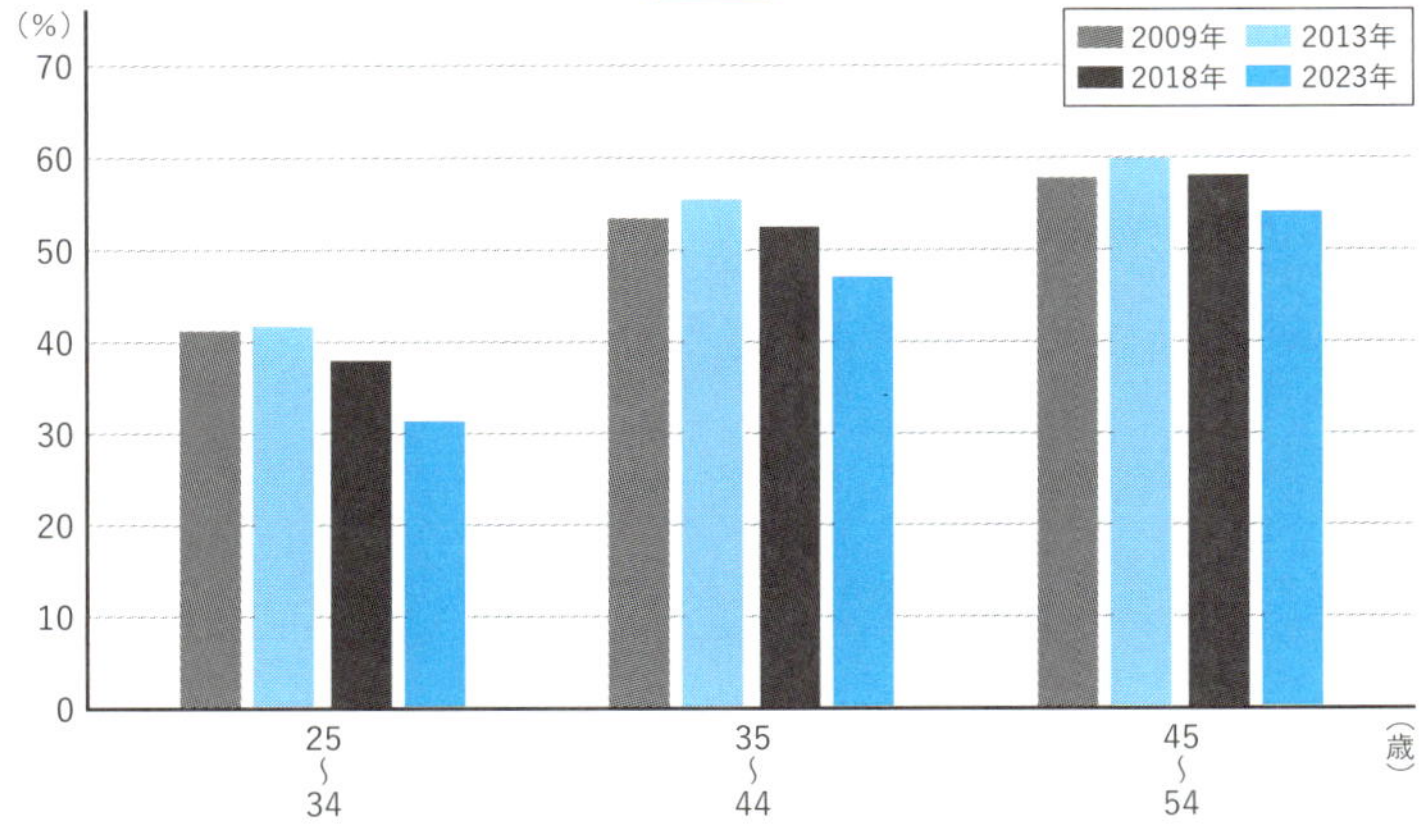

(出所)総務省「労働力調査」

てあまりに大きな損失だったと言わざるを得ません。

就職氷河期世代の正社員の年収自体、他の世代に比べて低いわけですが、その原因の1つは、冒頭で触れたように大企業に勤務する人の率が低く、中堅・中小企業に勤務する人が多いからです。

正社員でさえ他の世代に比べて低いわけですから、ここに高い比率の非正規雇用の人たちの収入を加えれば、就職氷河期世代の年収はかなり減ることになります。収入が少ないと当然、生活水準もそれに合わせることになります。しかも、正社員と違って非正規雇用の場合はボーナスもありませんし、退職金も期待できませんから、その分、老後を考えるとやはり不安になります。

就職氷河期世代の多くはまだ40代から50代前半ですから、老後が不安とまではいかないかもしれませんが、今後を考えると就職氷河期世代の老後は大きな課題の1つになるのではないでしょうか。

こうした不安を少しでも解消するためには、本章の最初で紹介したような非正規雇用者の正規雇用の促進や、あるいは最低賃金の引き上げ、さらには企業側の就職氷河期世代に対する、ある種の偏見や差別のようなものをなくしていく必要があるでしょう。

新卒の人材確保、定年延長の間で起きた就職氷河期世代の年収減少

就職氷河期世代の平均年収の低さの理由として、大企業への就職率が低く、中堅・中小企業に就職した人が多いと指摘しましたが、実は就職氷河期世代よりももう少し上の人たちも含めた40代、50代の人たちというのはいろいろな複合的要因によって年収の減少に直面する人が少なくないというのも事実です。

大企業の正社員であれば、年功序列の時代なら40代、50代はキャリアアップして管理職になり、収入も大きく増えていく時期なのですが、２０２３年の賃金構造基本統計調査によると、特に大企業の30代後半から50代前半の所定内給与は下がっています。マスコミの報道などを見ていると、大企業では賃金が上がっているように思えますが、実は下がっているということです。理由はいくつかあります。

１つ目は、バブル崩壊後の90年代後半に起きた山一證券や北海道拓殖銀行の破綻といった金融システム不安、そして２００８年のリーマン・ショック、さらには２０２０年の新

型コロナウイルスの世界的な感染拡大など、ほぼ10年スパンで企業は業績の悪化に見舞われていることです。

業績が悪化すれば当然給与は削減されますし、人員削減や雇用調整が行われます。リーマン・ショックの後、大企業で部長や課長といった管理職の年収が１００万円、２００万円といった規模で下がるケースがありましたが、これらの影響をまともに受けたのが今の40代、50代です。

実際に「ボーナスの推移」（図表14）を見てもらえば分かるように、リーマン・ショックの時にボーナスも大きく落ち込み、そこから長く低空飛行が続くことになります。

結果、普通なら１００万円、２００万円単位で収入が増えていくはずが、逆にその単位で収入が減ったわけですから、就職氷河期世代は社会に出る時に苦労して、かつ管理職になり、ようやく苦労が報われるはずの時期に、収入の減少に直面することになったのです。

2つ目の理由は既に触れたことですが、ポストの縮小です。40代や50代が中心となっている事務職や管理職のポストというのは、組織のフラット化や業務の効率化によって削減の対象となりやすいうえに、今後は生成ＡＩに取って代わられる可能性もあり、ポストは減ることはあっても増えることは期待できません。

図表14 ボーナスの推移

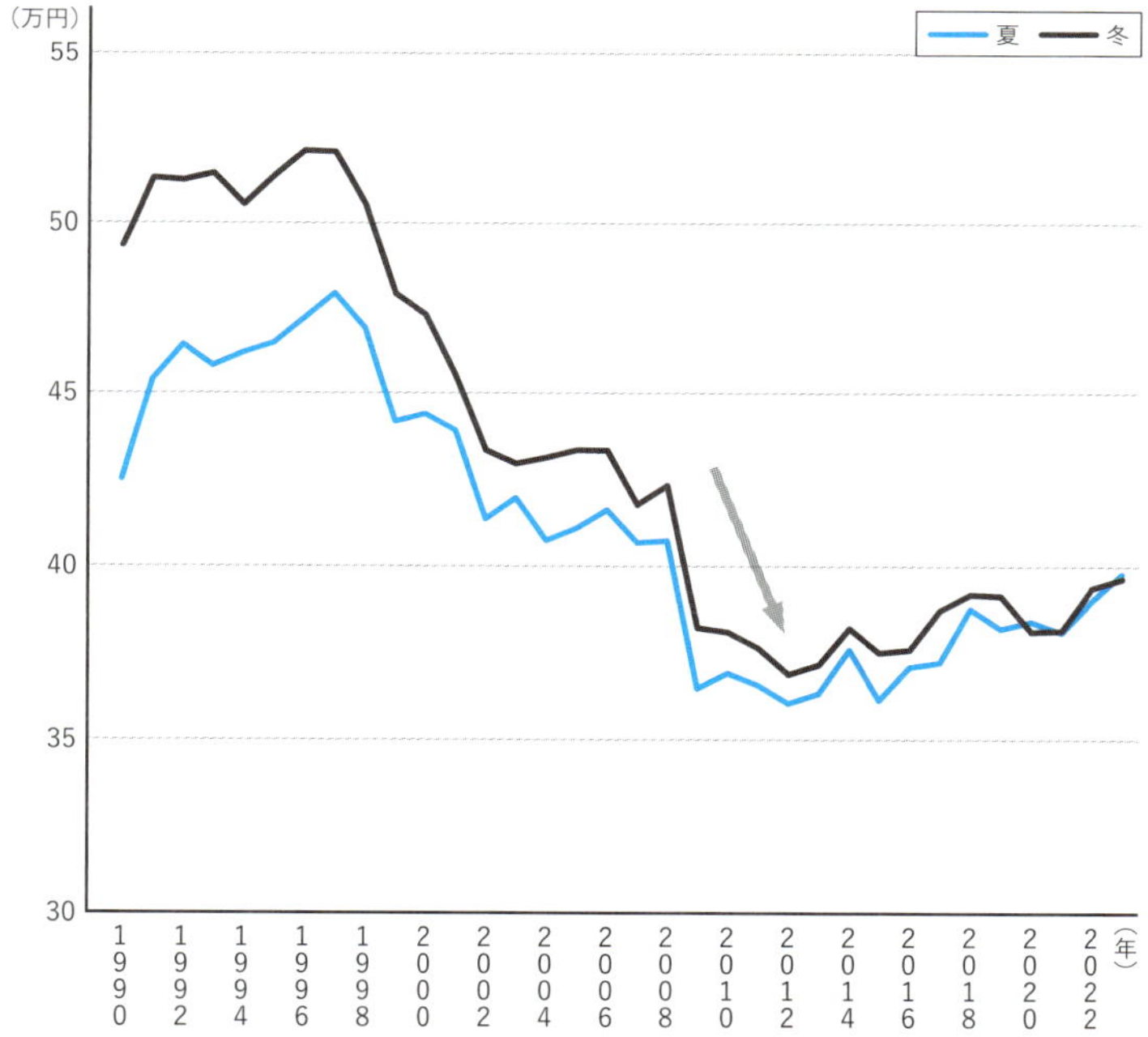

(出所)厚労省「毎月勤労統計」、図表中の矢印は著者

3つ目の理由は、氷河期世代の非正規雇用割合は高く、非正規雇用の人は賃金が低い上、昇進や昇給の機会が少なく、全体で見ると他の世代に比べてやはり年収が伸びにくいという面があります。

4つ目の理由はスキル不足です。就職氷河期世代は正社員であっても、上にバブル世代がたくさんいて、昇進の機会に恵まれず、一方で後輩の数も少なく、本格的なマネジメントを経験することができませんでした。これだけでも不利なのに、時代がＩＴ化、ＤＸ化と急速に進み、今や生成ＡＩまで入ってくると、こうした変化にスキルが追い付くのはとても難しいものです。

結果、就職氷河期世代より上の人たちがこうした変化から何とか逃げ切ることができたのに対し、変化の真っただ中で40代、50代を迎えたということで、社内的にも厳しい立場に立たされました。では、転職できるかというと、転職市場が求める本格的なマネジメント能力やデジタル能力は不十分という状況に陥っています。

こうした理由が重なったことで、就職氷河期世代の年収は増えるどころか減少したわけですが、年収が伸びない、あるいは減少すると、さまざまな面に影響が出てきます。

「雇用者報酬と可処分所得の比較」（図表15）のように、特に2010年代に入ってアベノミクスが始動してからは、雇用が増えることで雇用者報酬は増えています。しかし、賃金から税金と社会保険料を引いた可処分所得はそれほど大きく増えていませんし、実質所得も大きく増えていません。

先にボーナスが増えていないというデータを紹介しましたが、結局、人材を確保するために月の給与は上げたとしても、その賃上げの原資を捻出するためにボーナスを減らしたり、あるいは新入社員の初任給を劇的に上げたりする代わりに、今いる社員、特に管理職の年収を抑えるケースも多く、企業の労働分配率、特に大企業の労働分配率は50年前の水準にまで下がっています。

つまり、若い人の給与はたしかに上がっているわけですが、企業全体の人件費はそれほど上がっておらず、そのしわ寄せは管理職に来ているということで、その世代がまさに就職氷河期世代ということになります。

さらに、税金や社会保障に加えてインフレの負担もありますから、結果的に就職氷河期世代が手にする実質所得は減っているということになります［「実質の雇用者報酬と可処分所得の比較」（図表16）］。**そして、実質的に手にする年収が減少すれば、生活水準を下げざ**

図表15 雇用者報酬と可処分所得の比較

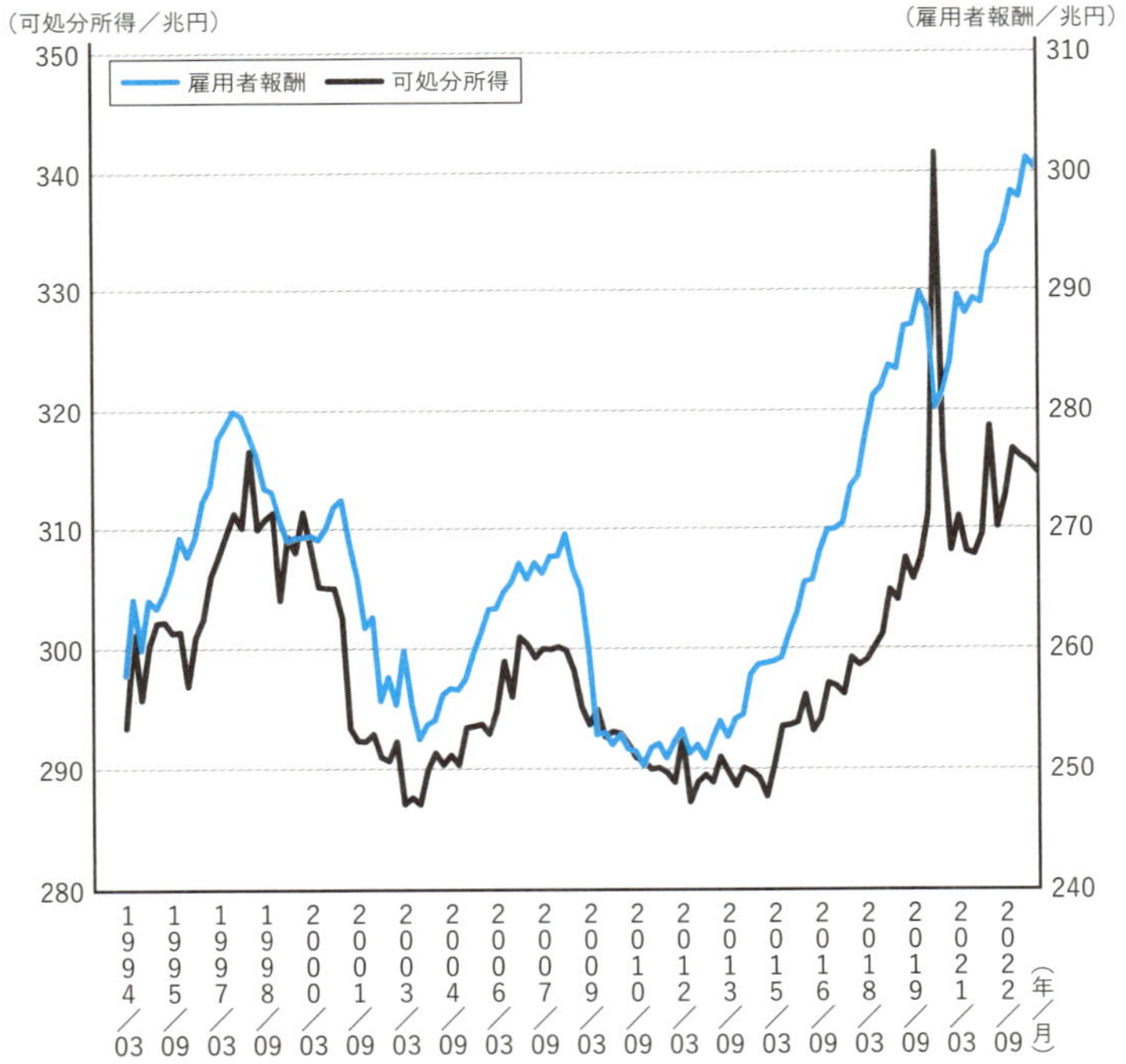

（出所）内閣府「国民経済計算」

図表16 実質の雇用者報酬と可処分所得の比較

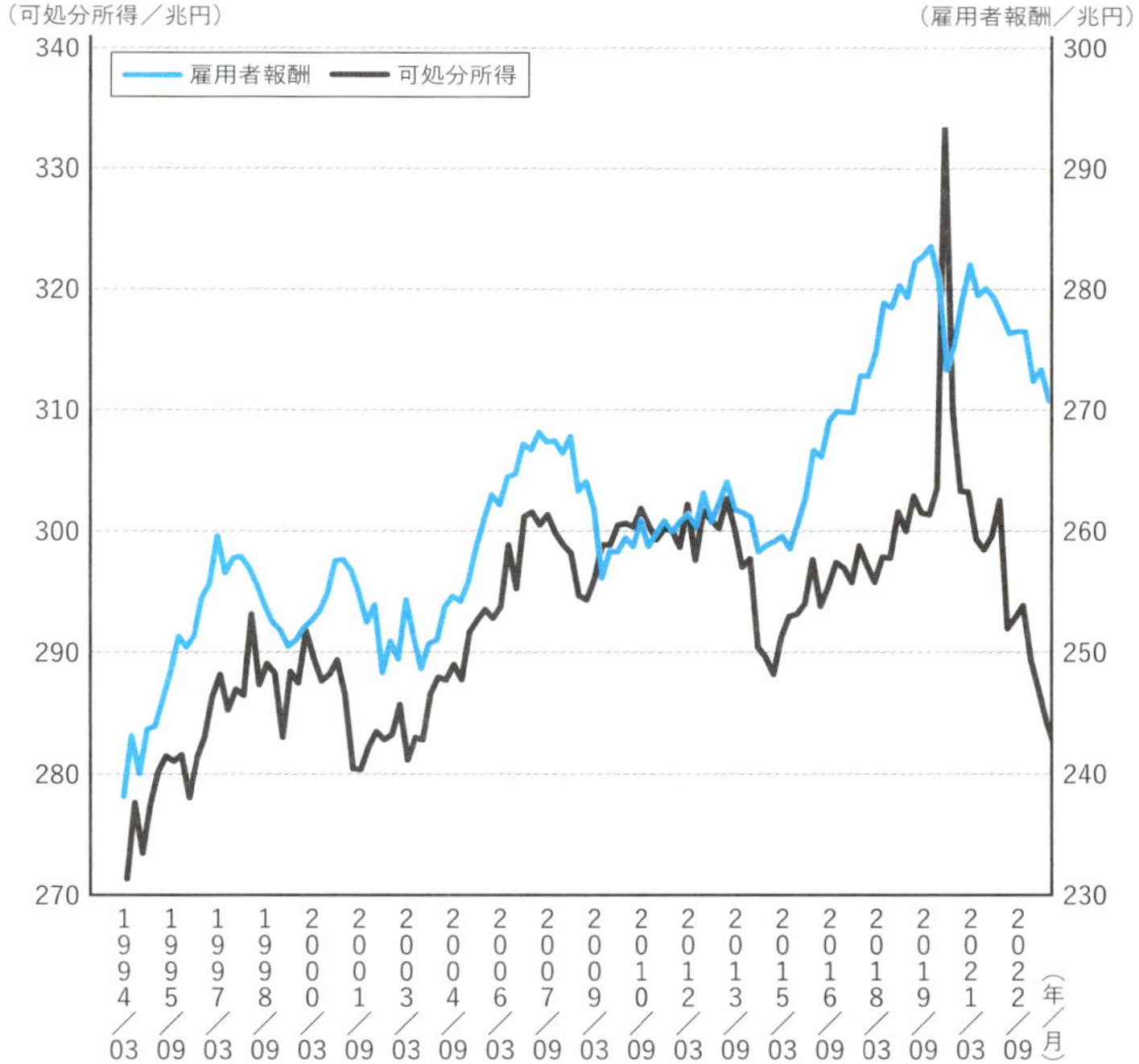

（出所）内閣府「国民経済計算」

るを得なくなります。

就職氷河期世代の中でも、特に非正規雇用の男性の婚姻率の低さは既に指摘した通りです。しかし、結婚して子どもを持ち、家を持った人たちが「勝ち組」と言えるのかというと、そうではありません。

40代というのは、それでなくとも子どもの教育費や住宅ローンなど大きな支出を抱えているわけですが、そこでかつてのような所得の伸びが期待ではないどころか、名目でも実質でも減少しているわけですから、そこにこうした大きな支出が重なると、家計のやり繰りは困難になり、生活水準の低下を招かざるを得ません。

就職氷河期世代でも、年齢が上の人たちというのは第二次ベビーブーマー世代であり、人口的なボリュームも大きいわけです。このためその人たちの家計が苦しくなれば、個人消費にも影響が出て、結果的にマクロの個人消費も増えにくくなります。

就職氷河期世代の収入が減少するということは、個人的にももちろん苦しいわけですが、日本経済にとっても個人消費が伸びず、経済全体の成長にも大きな影響を与えることになるわけです。

つまり、就職氷河期世代の収入が伸びないことによる**影響の1つ目は、このような生活水準の低下が、結果的に個人消費の伸びの低下につながることです。影響の2つ目は、老後の不安となります。**就職氷河期世代は非正規雇用が多く、収入が低いケースも多く、将来的に低年金や無年金の恐れがあることについては既に触れたとおりですが、正社員の人にとっては問題がないのかというと、もちろんそうではありません。

年金受給額は一般に20歳から60歳までに収めた金額で決まるわけですが、その金額はその間、どれだけの収入を得ていたのかで決まります。つまり、就職氷河期世代は非正規雇用が多いうえに、正社員であっても本来収入が増える時期に、むしろ減るという経験をしています。

これでは就職氷河期世代より上の世代ほどの年金額は期待できませんし、これからインフレが続けば、マクロ経済スライドの発動により、年金上昇幅が抑えられる可能性もあります。

そしてマクロ経済スライドというのは、２００４年の年金改革で導入された年金支給額を抑制する仕組みです。日本では、少子高齢化の進展によって年金受給者が増える一方で、制度を支える働き手は少なくなっています。

そのため、物価や賃金の伸びに加え、保険料を支払う被保険者の数や平均寿命の変動などを見ながらマクロスライドを発動して年金支給額を抑えることで、将来にわたって年金制度を維持することを目的としています。

ただ、物価や賃金の伸びがマイナスの場合は発動できないため、これまでは15、19、20、23、24年度に発動されています。

では、どのくらい抑えられるかというと、例えば2023年度の厚生年金は、67歳以下の夫婦二人のモデル世帯（ボーナスを含む月額換算で43万9000円の収入で40年間働いた夫と専業主婦）の場合、月に22万4482円受け取ることができました。

前年度に比べて4889円増えていますが、マクロ経済スライドの調整が行われたため、増加額は1200円抑制されています。

今後も賃金が上昇し、物価も上昇するという好循環が続けば、都度、マクロ経済スライドが発動されて、年金受給額が抑制されるうえ、物価の上昇や介護保険料・健康保険料の負担が増えれば、実質的な年金受給額も減ることになります。

他方、最近ではかつての老後の不足資金2000万円から大幅に上昇し、4000万円が不足すると主張する説もあります。

しかし、この説は想定している物価上昇率が高すぎて、私自身は「そこまではあり得ない」と考えていますが、年金受給額が思うように増えず、実質的な年金受給額が減っていけば、たしかに現在、年金を受給している世代と比較して、就職氷河期世代は厳しい状況に追い込まれる恐れはあります。

影響の3つ目は、働いている人たちのモチベーションの低下です。

マスコミでは新卒社員の初任給が30万円になりましたとか、年収数千万円を支払うといった景気のいい話が報じられています。

しかし、40代、50代を迎えた就職氷河期世代の収入はそれ以前の世代に比べてはるかに低くなっています。

結局、若年層の給料を上げる一方で、30代後半から50代前半の給与を抑制しているため、企業全体の人件費はそれほど増えていません。

たとえば、「労働分配率（季節調整値）」（図表17）によると、資本金10億円以上の大企業の労働分配率は、1960年以降で過去最低水準、資本金1億円以上10億円未満の中堅企業も1990年以来の水準まで低下しています。

そして、資本金1000万円以上1億円未満の中小企業も1992年以来の水準まで低下しています。

このように、すべての企業規模で労働分配率が下がっているわけですが、特に大企業の低下幅が最も大きいところに日本人が豊かさを感じられない一因があるのかもしれません。そして、分配率が高めな中堅・中小企業でもバブル崩壊直後の水準ですし、大企業に至っては過去最低水準にまで下がっていることになります。

さらに、日本の労働分配率（雇用者報酬を国民総所得で割った値）を日米英独仏の5か国で比較すると［「労働分配率の国際比較」（図表18）］、日本は2000年代以降、最も低くなっています。

こうした数字から見えてくるのは、確かに企業は儲かっていますが、それが労働者への還元に十分に反映されておらず、一部を除くと個人の生活は苦しいままということです。

実際、日本の代表的な企業の景況感指数である「日銀短観」の景況判断指数と、代表的な家計の景況感指数である「生活意識に関するアンケート調査」の景況感指数を見ると、近年は逆の動きをしています［「乖離する家計と企業の景況感」（図表19）］。

本来、長期時系列の関係を見れば、業況判断指数と景況感指数は正の相関関係があるはずなのですが、22年度後半以降は業況判断指数が改善を続けてきたのに対し、家計の景況

図表17 労働分配率（季節調査値）

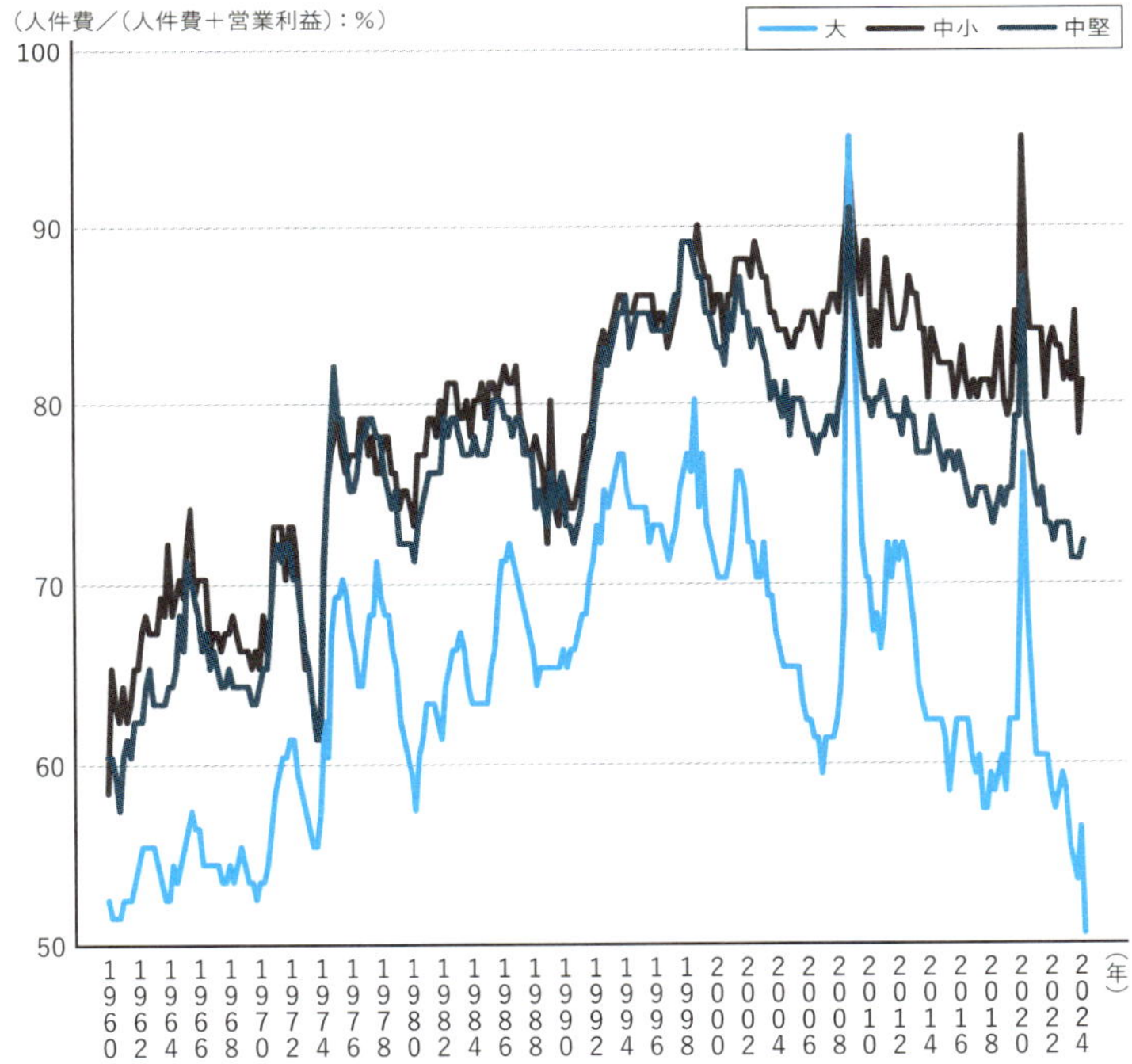

（出所）財務省「法人企業統計季報」を基に筆者作成

図表18　労働分配率の国際比較

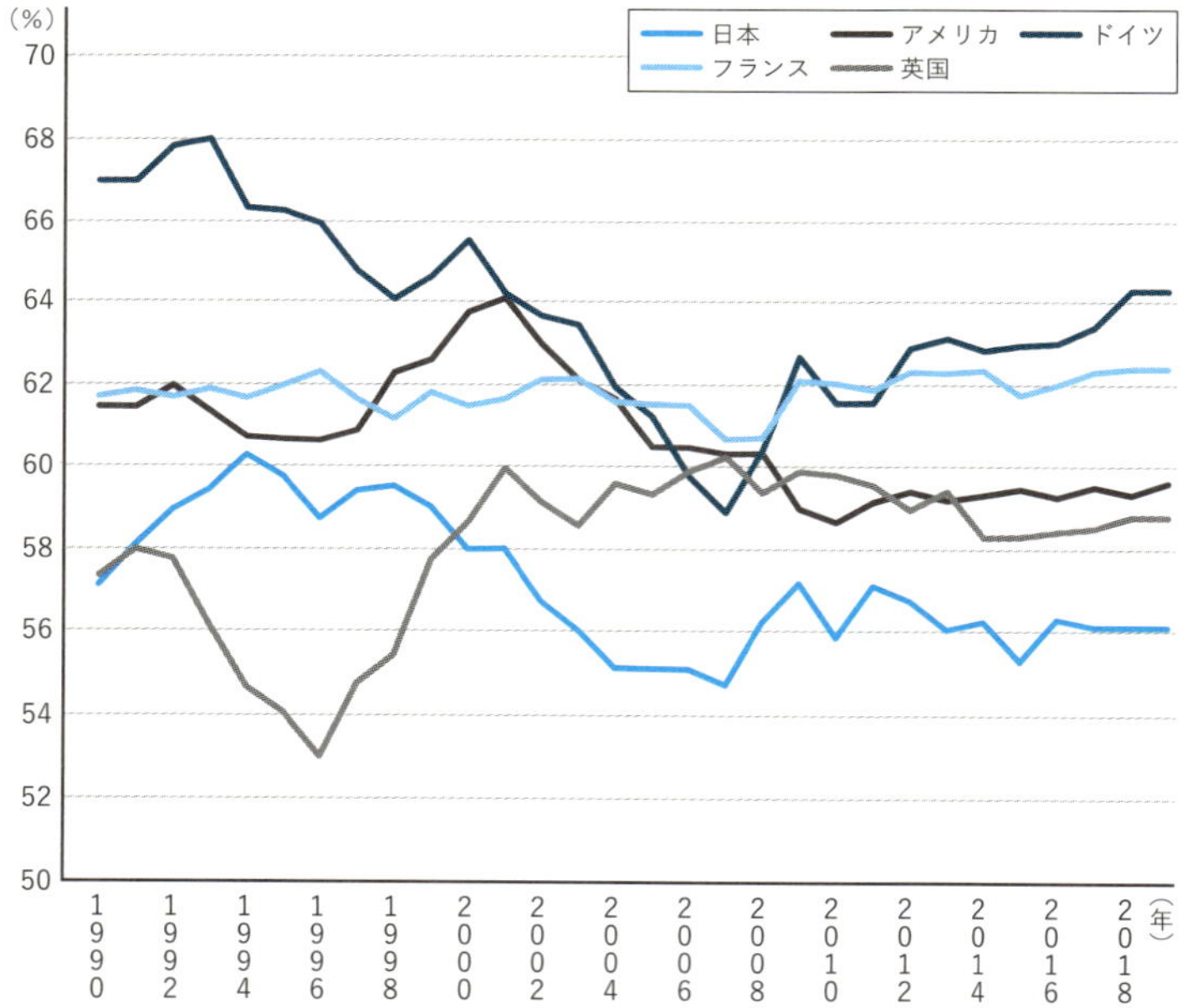

(出所)フローニンゲン大学、カリフォルニア大学デービス校のデータをもとに著者作成

図表19 乖離する家計と企業の景況感

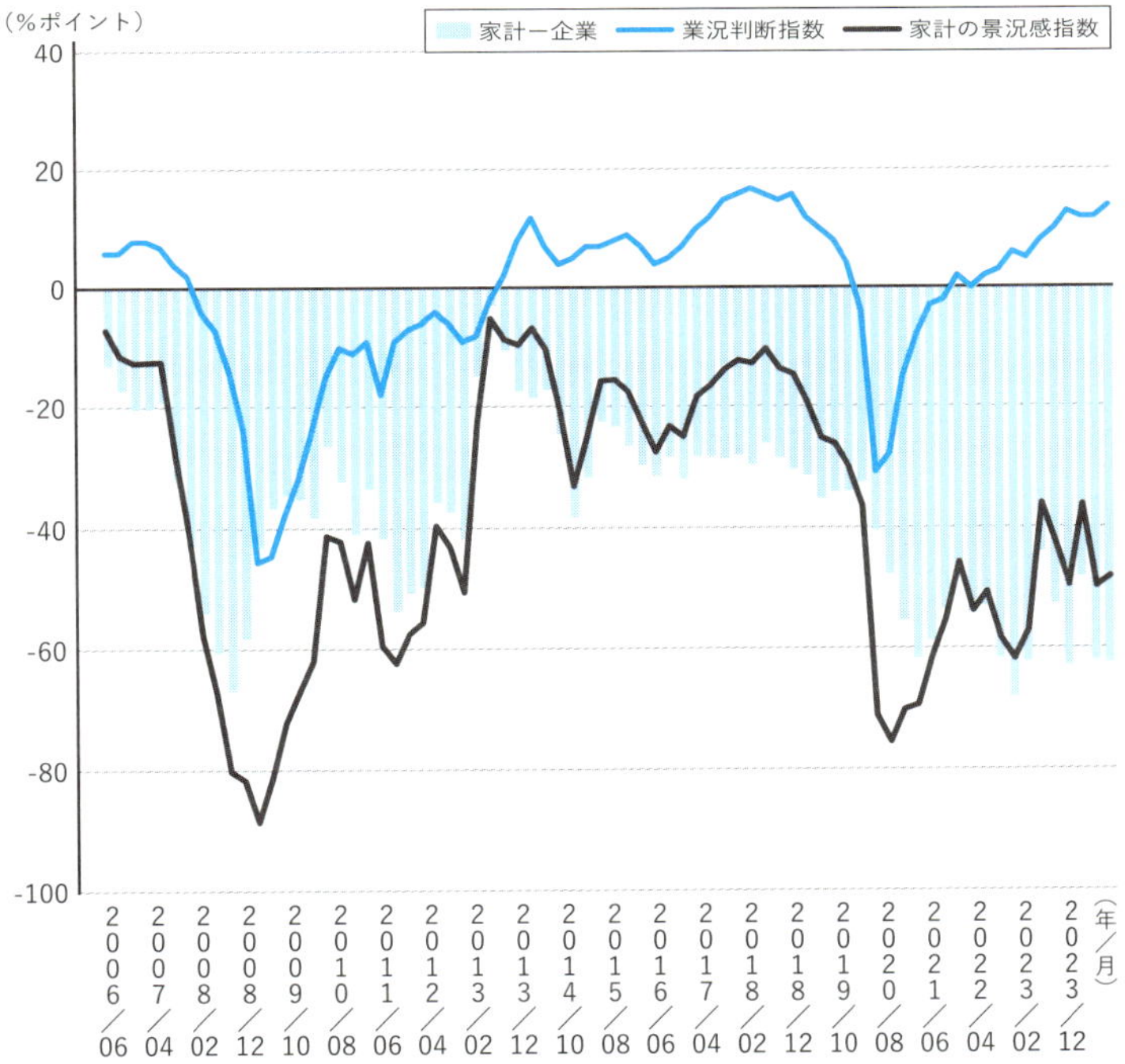

(出所)日銀

感指数は悪化傾向にあります。

こうしたことから、企業は確かに儲かっているわけですが、それが個人にどこまで反映されているかというと、「うちは全然」と言う人も多いのではないでしょうか。

特に就職氷河期世代の場合、非正規雇用の人たちの苦しさはもちろんのこと、正社員であってもかつてほどの収入の伸びは期待できず、支出は年々大きくなっていくわけですから、生活は苦しくなり、消費に回るお金はますます少なくなってきます。

そう考えると、就職氷河期世代の収入が伸びないことによる影響はとても大きく、この点でも就職氷河期世代を生み出し、長きにわたって放置したことは日本という国にとってあまりに大きな課題を残すことになったと言えます。

賃金は上がり切らないまま、早期退職の対象に

このように、就職氷河期世代は就職活動で大変な苦労を強いられただけでなく、運よく

正社員として就職したとしても、度重なる景気の悪化やＩＴ化、ＤＸの推進などによって上の世代のような「年齢と共に役職が上がり収入が増える」という夢のような時代を経験していません。

仕事は忙しいうえに、給与は思うように増えずという世代ですが、この世代も40代、50代を迎えたことで新たなリスクが生まれています。

それは、早期退職制度です。早期退職制度というのは、一定の条件を満たす社員に対し、優遇措置を提供することで、自発的な退職を促す制度です。似たような仕組みとしては希望退職制度がありますが、同制度が業績悪化や組織再編などによる人員整理の意味合いが強いのに対し、早期退職制度はあくまでも社員自身の選択に基づくものとして、中には福利厚生の１つとして位置付ける企業もあります。

最近では、業績が好調な企業でありながら、早期退職制度や希望退職制度を実施するところも目に付きますが、時代の変化の中で企業自身が事業の選択と集中を進めたり、海外シフトを強化したりするなど企業をより強くすることを目的に、人員に関しても選択と集中を進めている結果と言えます。

そして、就職氷河期世代にとって問題なのは、早期退職制度が40～50代を対象としてい

る点です。なぜ40～50代なのかというと、

1　給与水準が比較的高く、人件費削減の面で効果が期待できる
2　バブル期の大量採用など、年齢構成の偏りを解消するため
3　再就職や起業など、セカンドキャリアに移行するのに適した年代

といった理由からです。

自発的な退職を社員に促す以上、通常の退職とは違う優遇措置を用意するのが早期退職制度の特徴です。例えば、

1　退職金の割り増し
2　再就職支援

などが代表的なもので、具体的には、以前に某大手メディアが早期退職制度を実施した際には、割増退職金として1億円が支給され、そのメディアの黄金期を支えたプロデュー

サーたちが退職したことで大いに話題になりました。

1億円まではいかないにしても、民間企業の勤務条件制度等調査によると、早期退職制度では、通常の退職金にくわえて、45歳が95％、50歳が約65％、55歳が約48％の割増金が支給されています。

さらに、再就職支援も実施されます。具体的には、キャリアカウンセリング、再就職先の紹介、面接対策、履歴書の添削などが挙げられます。

転職は誰にとっても不安なものですが、ましてや40代、50代ともなると、新たな職場を見つけ、面接を受けるのはとても不安なものですし、就職が決まったとしても、本当にその職場に馴染めるのかなど、悩みは尽きません。

こうした不安を少しでも払拭するために、早期退職を実施する企業も最大限の支援をするということでしょう。

それにしても、企業はなぜ割増退職金まで支給して早期退職を実施するのでしょうか。理由として考えられるのは、

1 組織の新陳代謝を図る

組織の年齢バランスの構成を整え、若い社員に対して成長と活躍の場を与えたいというのが大きな理由です。

2　社員のキャリア形成を支援する

人生１００年時代ともなると、かつてのように定年まで働いてそれで終わりということはありません。長い人生を見れば、比較的若いうちに新たな職場に転職したり、また起業したりして、新たなキャリアを積むことが社員のためにもなるというのが理由です。

3　人件費の削減

賃金制度は徐々に変わってきているとはいえ、まだ年功序列的な賃金制度も残っており、そこでは高年齢の社員ほど人件費が高くなります。早期退職制度の実施によって人件費の高い社員を減らし、その分を若く優秀な社員に振り向けることが理由の１つです。

このように、早期退職制度には企業としてのメリットがあるわけですが、一方でデメリットもあります。人件費の削減を目的としながらも、割増退職金を支払うことで一時的にはコストが増加しますし、さらに懸念されるのは、よく言われるように早期退職制度を実施すると、本来は残ってほしい優秀な人材から先に辞めて、あとにはどちらかと言えば残ってほしくない社員が残る、という現象です。

また当然のことですが、早期退職制度は社内の雰囲気を悪くすることもよくあります。年齢が上の人間が抜けることで、その仕事を引き継ぐ社員の負担は増えますし、「自分もある年齢になったら退職させられるのか」という不安も招きます。

早期退職制度については、企業の立場に立てば、就職氷河期世代の40～50代は対象者となります。まさに踏んだり蹴ったりという状況ですが、就職氷河期世代の人たちは今の仕事に全力を尽くす一方で、将来的には早期退職する可能性もあるということを視野に入れた生活設計をしておくことが必要かもしれません。

働き盛りの現在でさえ、過去の年代よりも低い正社員率

早期退職制度は正社員を対象としたものであり、就職氷河期世代は正社員でさえ今や退職や転職を迫られる年齢に差し掛かっていることになります。

就職氷河期世代は、そもそも他の世代に比べて正社員率が低いことが分かっています。

「非正規雇用率」（図表20）を見れば分かるように、35歳から54歳までの２０２３年における就職氷河期世代の男性の非正規雇用率がリーマンショック後の２００９年よりも高くなっています。

なぜ非正規雇用率がこれほど高いのかという理由はこれまで見てきたとおりですが、問題なのはこのデータが２０２３年のものだということです。

２００９年の同じ年代と比較して、男性においては、就職氷河期に該当する２０１３年・２０１８年・２０２３年の35～44歳、ならびに、２０１８年・２０２３年の45～54歳の非正規雇用率はすべて上回っています。

特に40代、50代と言えばまさに働き盛りで、年功序列の時代なら収入も大きく増えていく時期ですが、にもかかわらず非正規雇用の比率がこれほど高ければ、当然、収入もあまり増えず、雇用も不安定なままということです。

日本は一度厳しい状況に置かれるとなかなかそこから立ち直ることが難しいと言われており、就職氷河期世代の人たちも学校を卒業して社会に出るというタイミングでバブルの崩壊と、それに起因する採用人数の大幅な削減によって、正社員ではない非正規雇用という選択をした場合、そこから正規雇用に変わることがとても難しいということがこのデー

図表20 非正規雇用率

男性

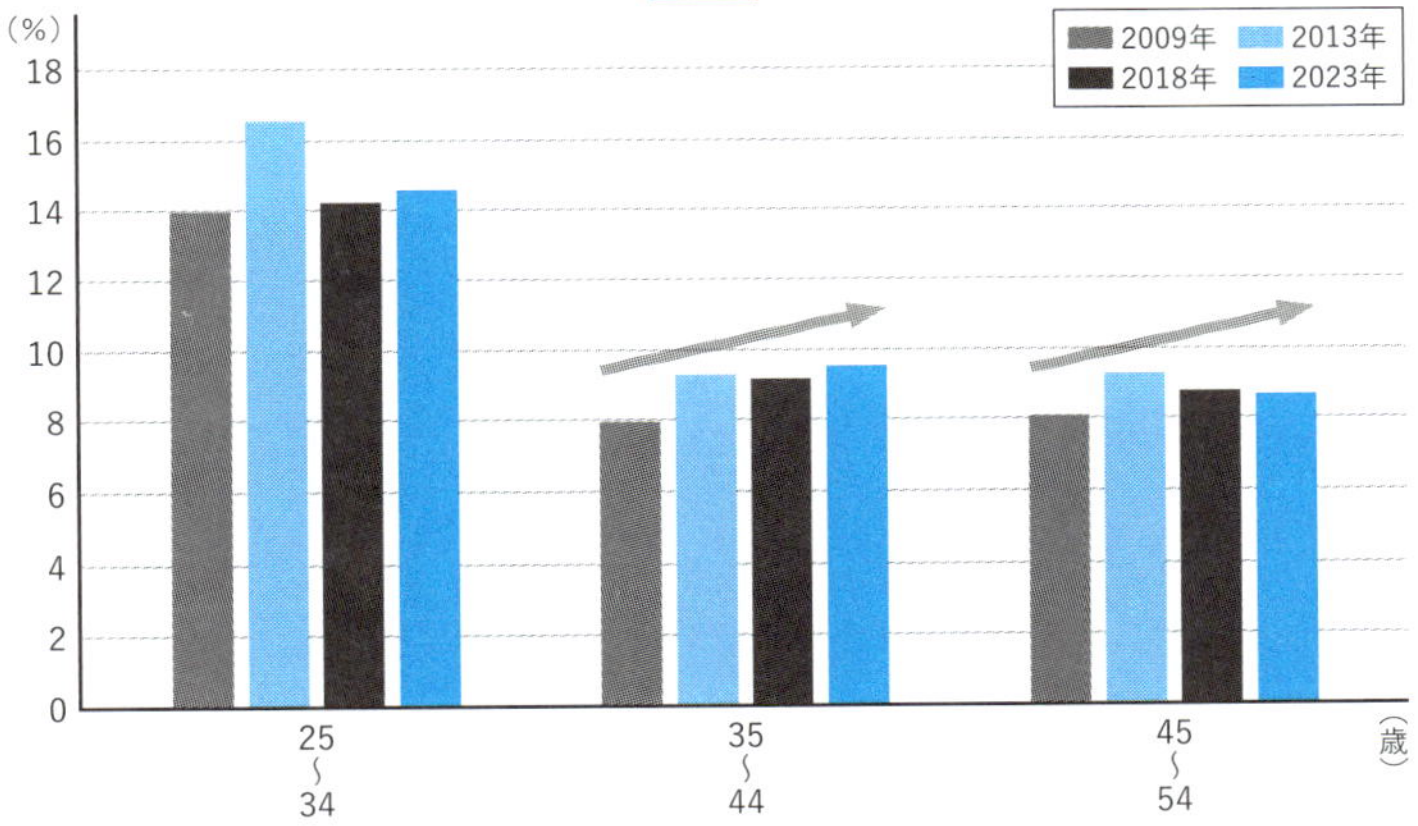

(出所)総務省「労働力調査」、図表中の矢印は著者

女性

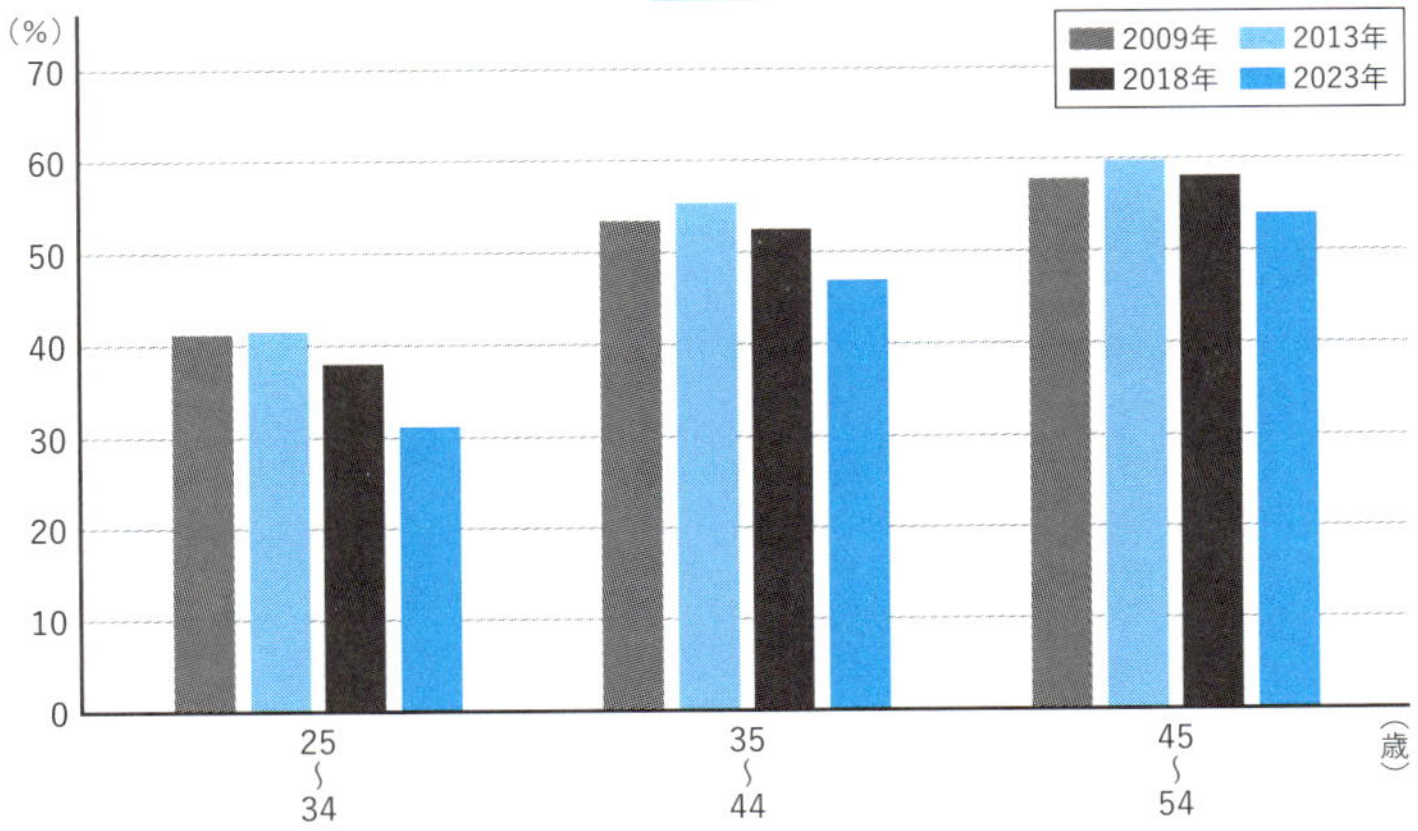

(出所)総務省「労働力調査」

タを見るだけでよく分かります。

これが何を意味するかというと、本来なら40代、50代前半という社会の中枢でバリバリ活躍するはずの人たちの多くが正社員ではなく、非正規雇用として働くことで将来に対して多くの不安を抱えているということです。

その不安を改めて整理してみます。

1　収入の低さ

非正規雇用労働者の賃金は、正社員と比べて低いため、就職氷河期世代のうち非正規雇用で働いている人、収入が低く、生活が苦しいという状況に直面している人が少なくありません。

2　雇用の不安定さ

非正規雇用労働者は、正社員に比べて雇用が不安定なケースがほとんどです。契約期間が短かったり、更新されなかったりする可能性もあるため、将来への不安を抱えている人が少なくありません。

3　キャリアパスの形成の難しさ

非正規雇用労働者は、正社員と比べて昇進や昇給の機会が少なく、キャリアパスを形成することが難しいと言えます。

これらは繰り返しになりますが、こうした不安を抱えているのが若い世代ではなく、40代、50代であるところに大きな問題があります。

雇用が不安定で、収入が低ければ、消費に使えるお金は少なくなりますし、結婚ができず、1人で暮らしている人も少なくありません。年齢的には親の介護の問題もありますし、本人自身の将来への不安も大きなものがあります。低年金の問題も働き続けることができればまだしも、働くことができなくなった時には一気に苦しい状況に陥ります。

就職氷河期世代の問題は、単に「就職が大変だった」ではなく、40代、50代になっても多くの人が「大変であり続けている」ところにあるのです。

就職氷河期世代は転職しても賃金が上がりにくい

このように、就職氷河期世代は非正規雇用の人の苦しさはもちろんですが、正規雇用の人も40代になっても年収が思うように伸びないうえに、年齢的に早期退職の対象となるなど、企業の現場でも厳しい状況に置かれている人が少なくありません。

では、こうした状況を脱するために転職をして、より条件の良い会社に就職したらどうかということですが、就職氷河期世代の転職希望者の割合は少ないという特徴があります［転職希望者割合（図表21）］。

就職氷河期世代の転職希望者の割合が少ない理由は、いくつか考えられます。

1　年齢の問題

今の時代は特に若い世代は転職によって給与が上がるケースが多いのですが、就職氷河期世代は転職しても給与が上がりにくい傾向があります。企業というのは年功序列的な給与体系のところが依然として少なくなく、年齢が高いほど人件費は高くなると考えていま

図表21 転職希望者割合

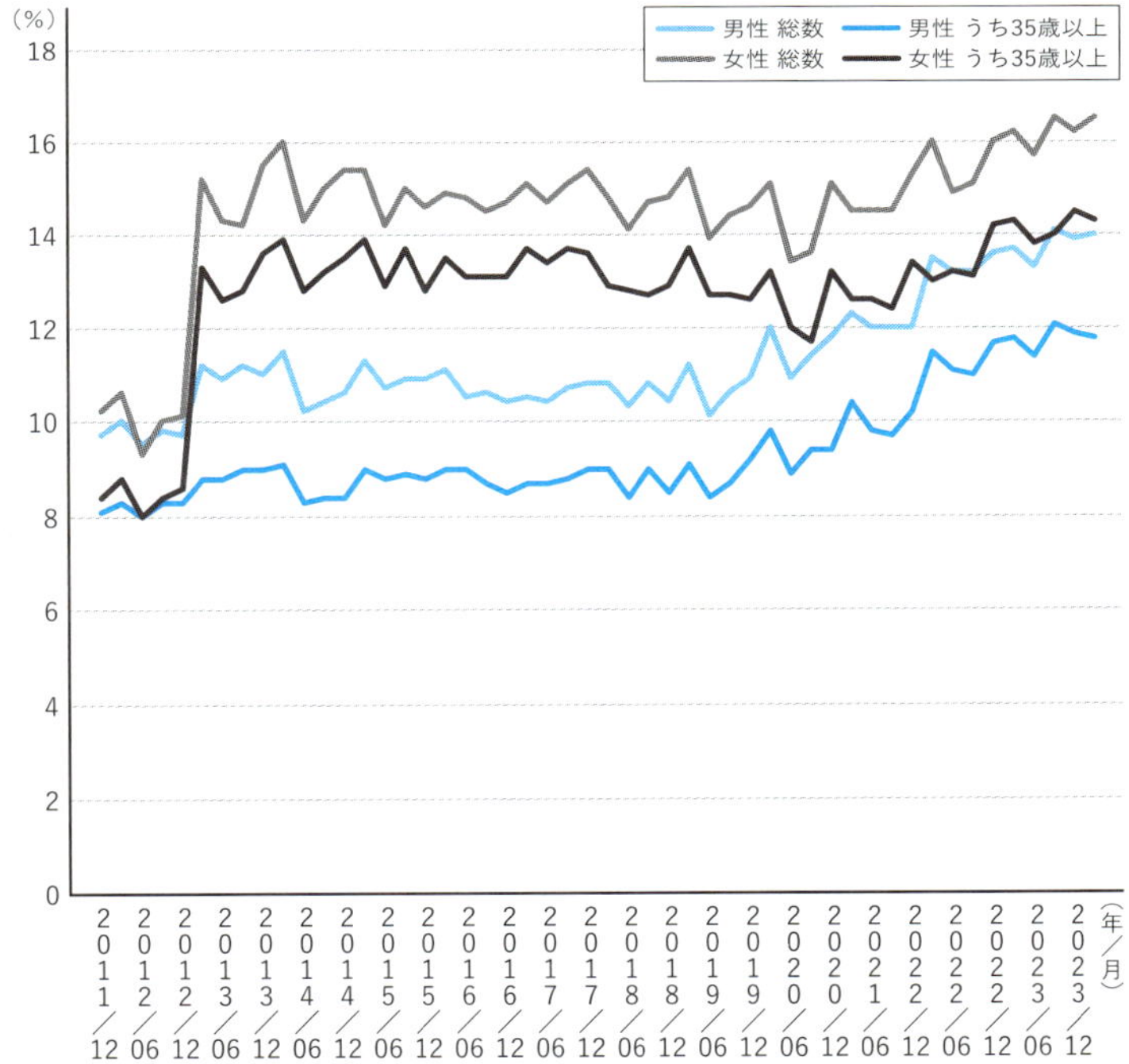

(出所)総務省「労働力調査」

す。そのため採用や昇給に際しては今でも年齢を考慮することが多く、どうせ採用するなら年齢の高い人よりも若い人を優先するところがあります。

結果、就職氷河期世代は能力を買われてスカウトされるとかならともかく、通常の転職活動では不利な立場に立たされやすく、転職しても条件が必ずしも良くならないという面があります。

2 スキル不足

転職によって条件が良くなるのは、その人が応募した会社にないものを持っているからです。その会社の人にはないマネジメント能力や実績、あるいは時代が求める新しいスキルなのですが、たとえば就職氷河期世代でＡＩなどのスキルを持っている人がそれほどたくさんいるわけではありません。

マネジメント能力に関しても、既に触れたように大企業であってもプレイングマネジャー的な仕事が多く、本格的なマネジメントの経験はあまりないかもしれません。

これでは、転職市場で競争力を発揮することは難しく、やはり不利な立場に立たされますし、たとえ転職できたとしても前の職場より条件が一気に良くなるというのも難しいのではないでしょうか。

3　経歴の壁

転職市場で問われれるのは「これまでに何をやってきたのか」であり、「新しい会社に就職した時に何をもたらしてくれるか」です。この点に期待が持てれば、むしろスカウトの対象になるでしょうし、この点で十分なキャリアを積めていない場合、転職市場ではやはり不利になります。

4　企業規模や業種の壁

最近、大企業で目につくのは早期退職やリストラを実施する一方で、好条件で人材の採用も進めていることです。結局、今の会社に「人数」はいても、今後に必要なスキルやキャリアを持つ「人材」は不足しているため、いくらでも欲しいということなのでしょう。

同様に、急成長中の企業も積極的な人材採用を行っていますが、こうした企業は当然のことながら競争が激しく、それなりの経験やスキルがあったとしても簡単には決まらないですし、希望どおりの給与で転職するのは決して簡単ではありません。

5　心理的な壁

このように若い世代と違って就職氷河期世代がより高い条件で転職するのは簡単ではないところに、この世代が転職をためらう理由の1つがあるわけですが、もう1つは心理的なものも影響しているのではと考えています。

就職氷河期世代は年齢的にも転職の難しい時期に差し掛かっていますが、学校を卒業して社会に出る時の就職活動で大変な苦労をしています。それこそ希望する企業の採用数がいきなりゼロになったり、大幅に削減されたりすることで、まず説明会や面接に進むことさえ苦労をしています。

そんな苦労を経て入社した会社だとすれば、それは「大変な時期に自分を採用してくれた」ありがたい会社であり、そのことに対して「ありがたみ」を感じている人も多く、そのことが転職希望者の少なさにつながっているのかもしれません。

このことは、企業側に有利に働きます。新卒社員の3割以上が3年以内に会社を辞めるというのは早くから言われてきたことですが、若い世代にとって転職は身近なものであり、また転職によって給与などの条件がアップすることも多いだけに、転職に対する抵抗はとても低いものがあります。

そのため、企業側も初任給を大幅に引き上げるなど、若くて優秀な人材の採用には熱心に取り組んでいるのに対し、就職氷河期世代はむしろ会社に恩義を感じ、かつ転職したからといって条件が良くなるとは限らないだけに、転職希望者の割合はそれほど高くありません。

　これだと、企業は就職氷河期世代の引き留めにそれほど神経をつかう必要はありません。言わば、転職希望者は足元を見られているわけですから、これでは転職して条件が良くならないばかりか、今の会社にいても条件が良くなることはあまり期待できません。

　このように、就職氷河期世代はいくつもの条件が重なることで、転職しても賃金は上がりにくく、そのことが転職希望者の割合が低いことにもつながっています。

就職氷河期世代にできること、やるべきこと

　ここまで就職氷河期世代の雇用事情を見てきましたが、特徴的なのは他の世代と比較して**「①正社員比率が低い」「②40代を過ぎても年収が低い」**がゆえに、正社員であっても早期退職の対象となり始めるなど、変わらず厳しい状況に置かれていることです。

　雇用の不安定さや収入の低さは生活の不安につながりますし、将来的には介護や年金の不安につながります。

こうした就職氷河期世代の抱える課題に対し、本章の前半で紹介したように、政府も2019年からの「5年間で正規雇用30万人の純増を目指す」という活動に取り組み、一定の成果を上げているわけですが、就職氷河期世代の人たちも自らの努力によって少しでも状況を改善していくことが求められています。

例えば、転職エージェントなどの専門家に相談しながら、自分のキャリアプランを明確にしたうえで転職活動を強化することも必要でしょうし、資産を増やすためには新NISAや確定拠出年金などを活用して、10年、15年単位で資産を少しずつでも形成することが必要なのではないでしょうか。

企業が求める人材やスキルは、時代とともに変化します。大切なのは今、企業はどんなスキルを求め、どんな人材を採用しようとしているのかを正確に理解することです。それをしないでただガムシャラに頑張ったとしても、闇雲に転職活動を行ったとしても、望ましい結果が出ることはありません。

時代のニーズに合わせたスキルの習得に努め、企業の求めるキャリアや人物像をしっかりと理解したうえで、自分の年齢や経歴を活かせる転職先を探してこそ成果が出るのです。

また、国や自治体による支援策にもさまざまなものがありますので、それらについて研究し、活用することも大切なのではないでしょうか。

そして、国や社会にとっても就職氷河期世代を今のままの状態にしておくことは大きな損失となり、将来に新たな問題を引き起こすことになるだけに、特に40代から50代前半という働き盛りの時期だからこそしっかりと支援していくことが重要なのです。

第3章

「就職氷河期世代」の経済事情

年齢階層別データから見えてくるもの

第２章では就職氷河期世代の「雇用」に焦点をあてて見てきました。その際、雇用の不安定さなどが収入の低さにつながっていること、また正規雇用の人も社会に出てからリーマン・ショックなどの影響により収入の減少に見舞われたことなどがはっきりしたわけですが、本章ではより詳しく経済事情を見ていくことにします。

まず指摘できるのは生涯賃金の低下です。

就職氷河期世代の中心は現在、40代から50代前半に差し掛かっていますが、２００３年、08年、13年、18年、23年の「年齢階層別貯蓄額」（図表22）を見ると、特に50代の働き盛りが低下トレンドになっており、40代については２０２３年では戻っていますが、その前までは結構下がっていることがわかります。

貯蓄額というのは、普通は世代が上がるにつれて増加していくものですが、就職氷河期世代である40代から50代前半の平均貯蓄額というのは、５年おきで見ると、やはり低下トレンドになります。

では、なぜ本来年齢と共に増えていくはずの平均貯蓄額が、ある世代だけ減っているのかというと、やはり就職氷河期世代はバブル崩壊の影響を受けて生涯賃金自体が低くなっているからです。

図表22 年齢階層別貯蓄額

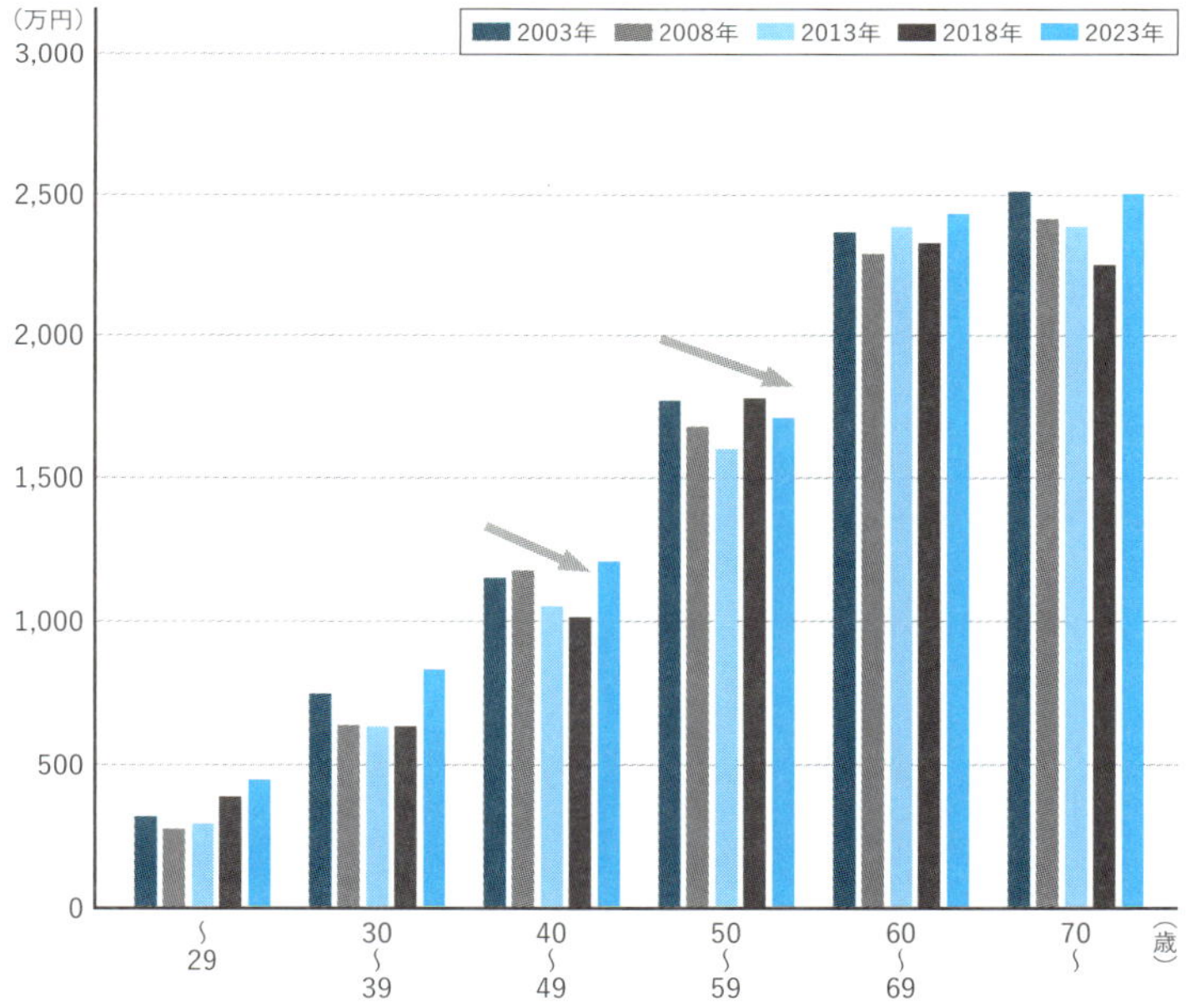

(出所)総務省「家計調査」、図表中の矢印は著者

就職氷河期真っただ中の1998年と、2023年を比較した「年齢階級別賃金（男性）」（図表23）を見れば分かるように、就職氷河期世代が就職した時よりも、今の若い人たちの賃金が高い一方で、現在、40代から50代前半に差し掛かっている氷河期世代の賃金は、いずれも25年前の同年代の人よりは低くなっています。

物価の上昇などを考えれば、25年前の同世代より低いというのは悩ましいことですが、これが現実です。

賃金プロファイルというのは、世代が上がるにつれて年収が上がるものですが、就職氷河期世代は社会に出てからの数年間は今の世代よりも低く、40代から50代前半に差し掛かってからは25年前の同世代よりも低いということで、年収面ではずっと厳しい状況に置かれていることが分かります。

これでは就職氷河期世代の貯蓄額が増えるはずもなく、今後、かつてのような退職金が期待できないこと、年金額も上の世代よりは低く抑えられるであろうことを考えると、先々への不安も大きくなるのは当然のことです。

さらに、最近、先々の不安を大きくするような話題もいくつかありました。

1つは退職金への課税制度の是正に関する議論です。現在、退職金は全額を一括で受け

図表23 年齢階級別賃金（男性）

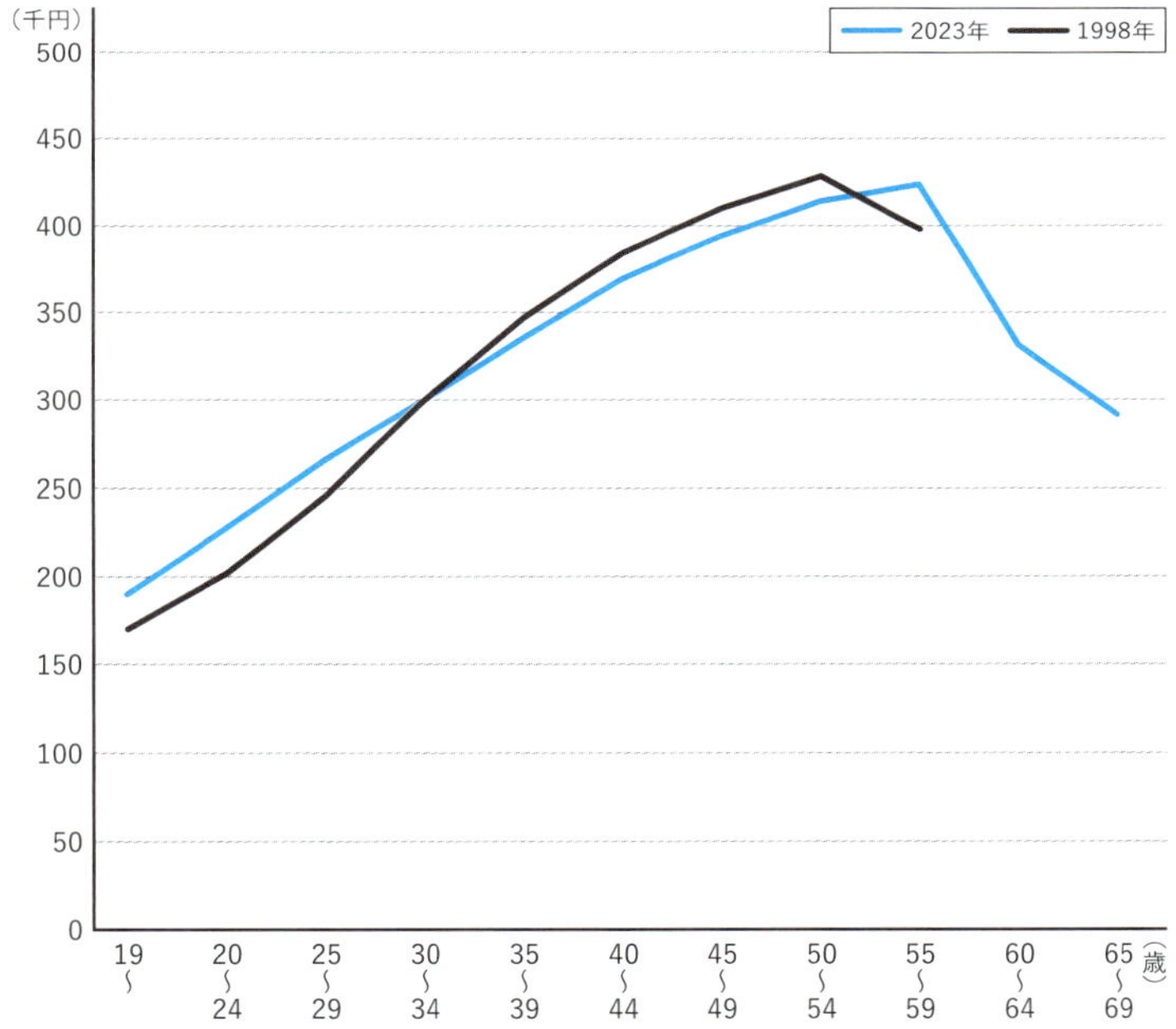

（出所）厚労省「賃金構造基本統計調査」

取る場合、「退職所得」として扱われ、1つの企業で長く働いた人ほど税負担が軽くなるようになっています。というのも、退職所得の控除額は1つの企業での勤続年数が20年までは年40万円ですが、20年を超えると年70万円になります。

つまり、大学を卒業してすぐに入社した企業で60歳の定年まで働けば、控除額はとても大きくなり、税負担がかなり軽減するのです。この制度は終身雇用の中では働く人にとってメリットが大きいのですが、一方でこの優遇措置があるために転職をためらう原因ともなり、人材の流動性を高めるためには退職金課税の是正が必要と言われていました。しかし、制度設計に時間がかかるとして議論は先送りされています。

もう1つの不安は、年金に関わるものです。

現在、年金保険料は60歳まで払い、一般的には65歳から受け取るわけですが、少子高齢化の影響もあり、厚生労働省では60歳から延長して65歳まで支払うというシミュレーションが行われています。近い将来にもそうなるのではという話もあり、そうなると、老後を考えるうえでの不安材料の1つと言えます。

こうした改正が数年で決着するとは思えませんが、現在、40代から50代前半の就職氷河期世代にとっては、自分たちが退職する、年金を受給するというその頃に改正が行われたとしたら、老後の生活設計に大きな影響を与えるだけに、関心を持って見ておく必要があります。

いずれにしても、今の段階でさえ就職氷河期世代は年収の低下に見舞われ、貯蓄額の減少という問題を抱えています。さらには、東京都心を中心に住宅価格が急騰し、普通のビジネスパーソンでは買いにくい価格になっているうえ、子どもたちの教育費も上がる傾向にあります。さらに、40~50代となれば、親の介護にかかる費用負担も大きくなります。これでは自分たち自身の老後資金を用意できるかどうかも大いに不安になります。

こうした不安の解消には、本来は経済状況が好転することが一番です。

2008年にリーマン・ショックが起きたあと、欧米、特にアメリカは日本のバブル崩壊後の「日本の失敗」を研究していたことで迅速に経済対策を打ち、短期間で経済を復活させています。バブル崩壊後の日本が同様の対策を打っていれば、「失われた20年（30年）」に苦しむことはなかったでしょう。

仮に就職氷河期世代が生まれたとしても、10年以上続くことはなかったでしょうし、景気の回復とともに挽回のチャンスに恵まれたはずです。

その意味では、不安の解消には好景気が一番ですが、それが難しいとすれば、就職氷河期世代に向けて、就職支援や生活支援、住宅支援や教育支援、さらには年金受給額の減少を抑制する年金制度改革などが必要なのではないでしょうか。

無視できない就職氷河期世代の貧困問題、格差問題

就職氷河期世代の年収や貯蓄額の低さを見るだけでも苦しさが分かるわけですが、東京都立大学教授の阿部彩氏がまとめた「相対的貧困率の動向」（図表24）のデータを見ると、10年前の２０１２年の20代後半から40代くらいの貧困率が高いことが分かります。

「相対的貧困」というのは、生きるうえで必要最低限の生活水準が満たされていない「絶対的貧困」と違い、それぞれの国や地域の水準の中で比較して、大多数より貧しい状態のことを指しています。

そして所得で見ると、世帯の所得がその国の等価可処分所得の中央値の半分（貧困線）に満たない状態のことを言います。

日本でも相対的貧困は問題になっており、基準となる貧困線は、総務省の全国消費実態

図表24 相対的貧困率の動向

男性：年齢層別 1985年、94年、2003年、12年、21年

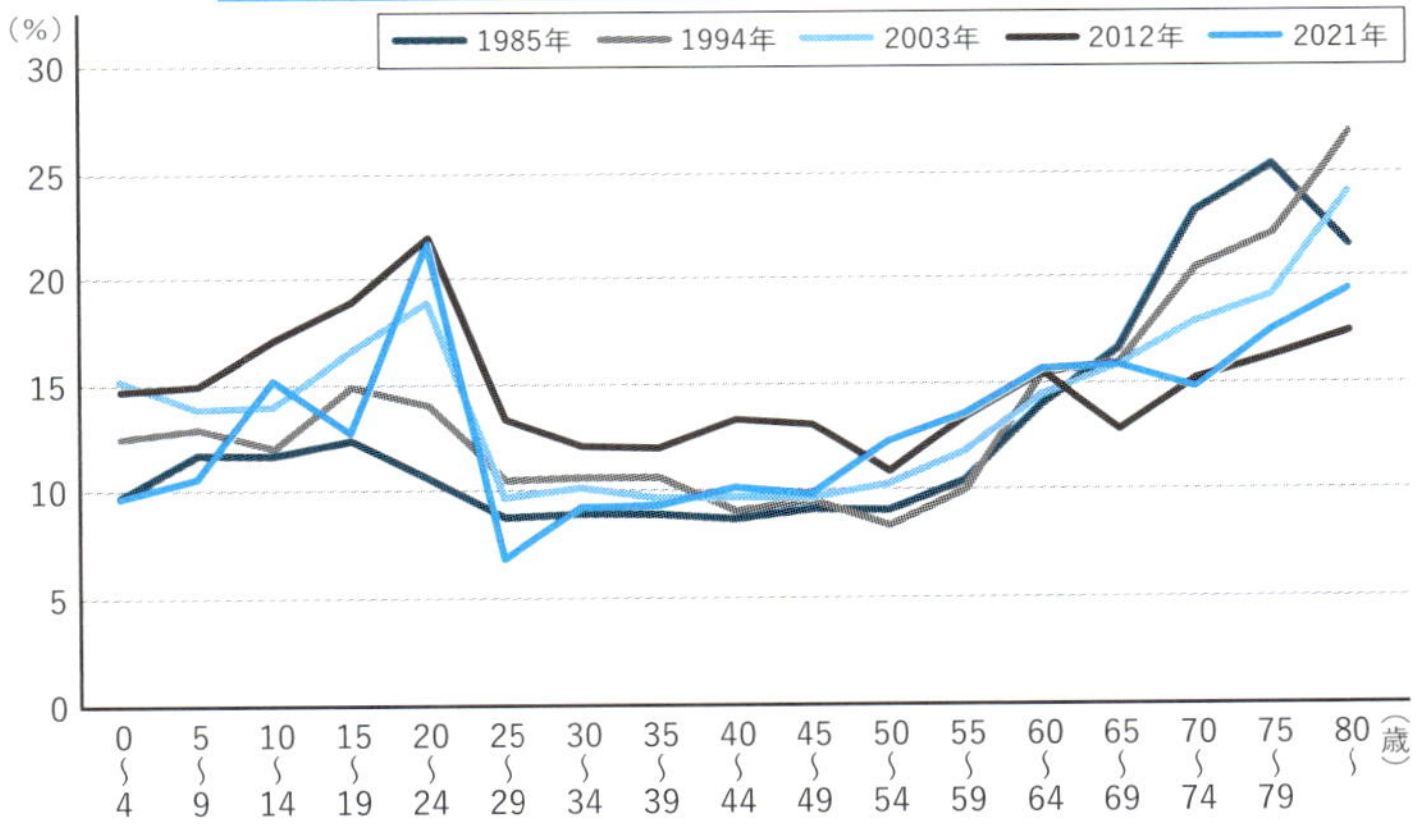

（出所）阿部彩（2024）「相対的貧困率の動向（2022調査）」JSPS22H65098

女性：年齢層別 2018年、21年

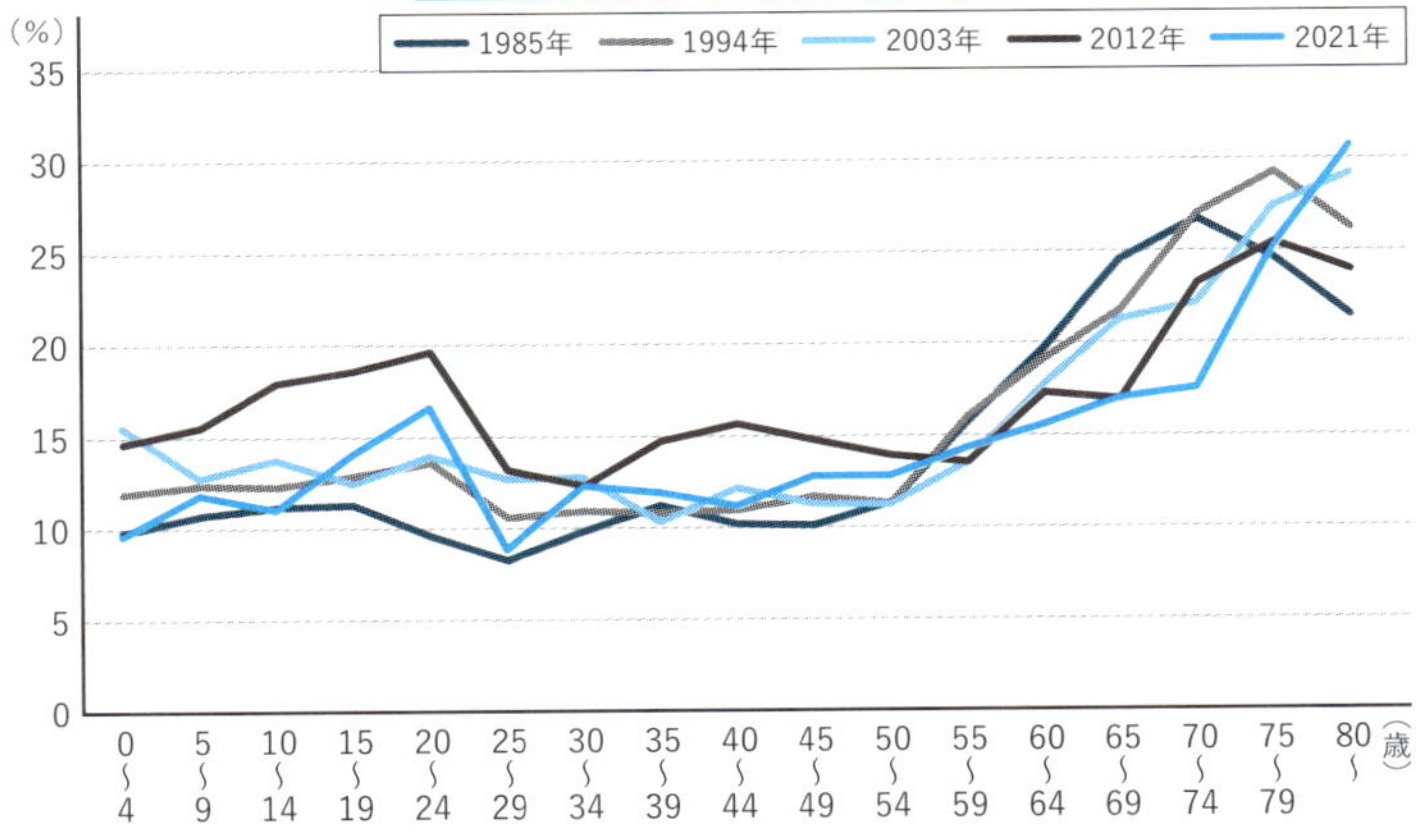

（出所）阿部彩（2024）「相対的貧困率の動向（2022調査）」JSPS22H65098

調査では135万円（2009年）、厚生労働省による国民生活基礎調査では122万円（2012年）とされています。

そして「相対的貧困率の動向」（図表24）でも分かるように、世帯主年齢別では高齢者が多いと言われていますが、2012年の数字を見ると、20代後半から40代くらいの就職氷河期世代も高いと感じます。

就職氷河期世代のデータでもう一つ気になるのが「非正規雇用率と就業率」（図表25）です。

男性については、就職氷河期世代にあたる30代後半から40代前半くらいの非正規雇用率が少しずつ上がっています。同じく就職氷河期世代の40代後半から50代前半の非正規雇用率はそれほど変化していないのですが、就業率に関しては30代後半から40代前半も、40代後半から50代前半も2023年には下がっています。つまり、30代後半から50代前半の男性においては非正規雇用率以前に「働いていない人」が増えているということです。

2009年と2013年の20代後半から30代前半の就業率もとても低いのですが、この年代は就職氷河期世代だけに、本来働いているはずの人たちが10人に1人就業していないと考えると、そこにも就職の厳しさがあり、それがその後も尾を引いているのではないか

図表25 非正規雇用率と就業率

非正規雇用率（男性）

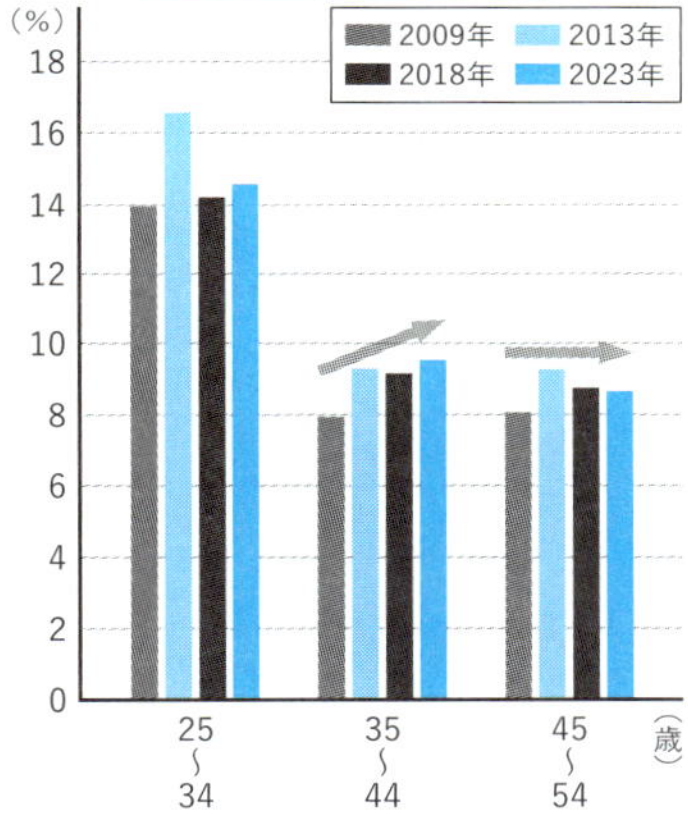

（出所）総務省「労働力調査」、図表中の矢印は著者

非正規雇用率（女性）

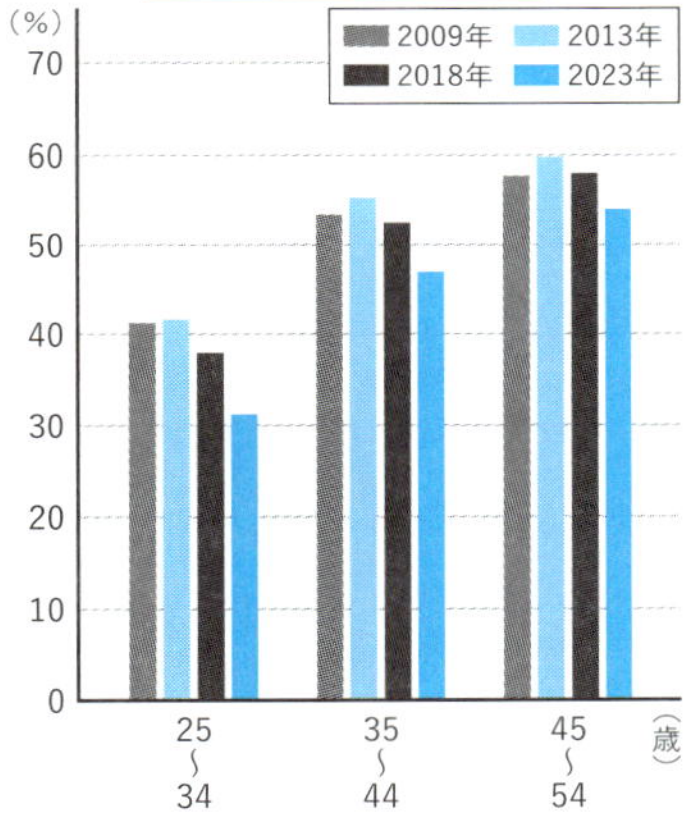

（出所）総務省「労働力調査」

就業率（男性）

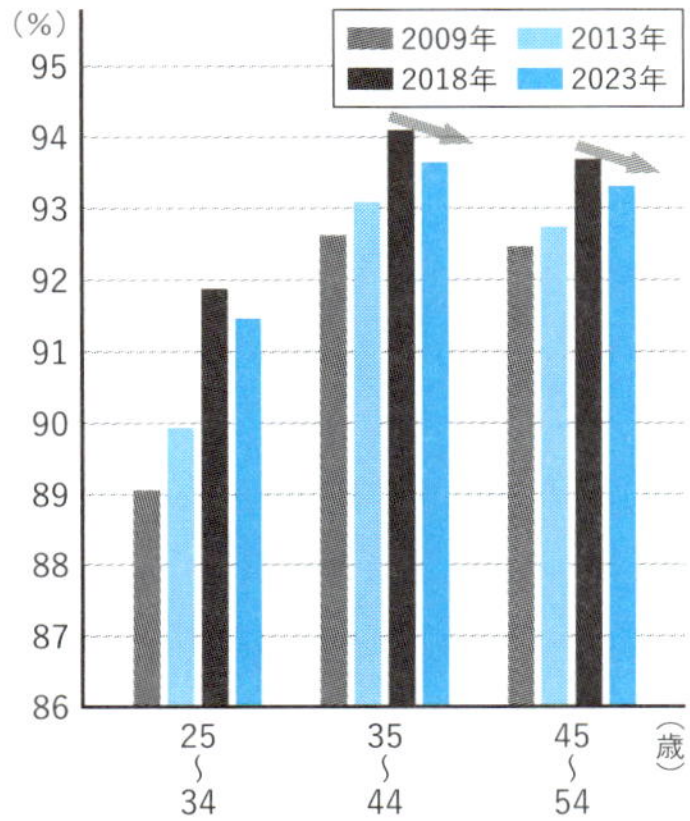

（出所）総務省「労働力調査」、図表中の矢印は著者

就業率（女性）

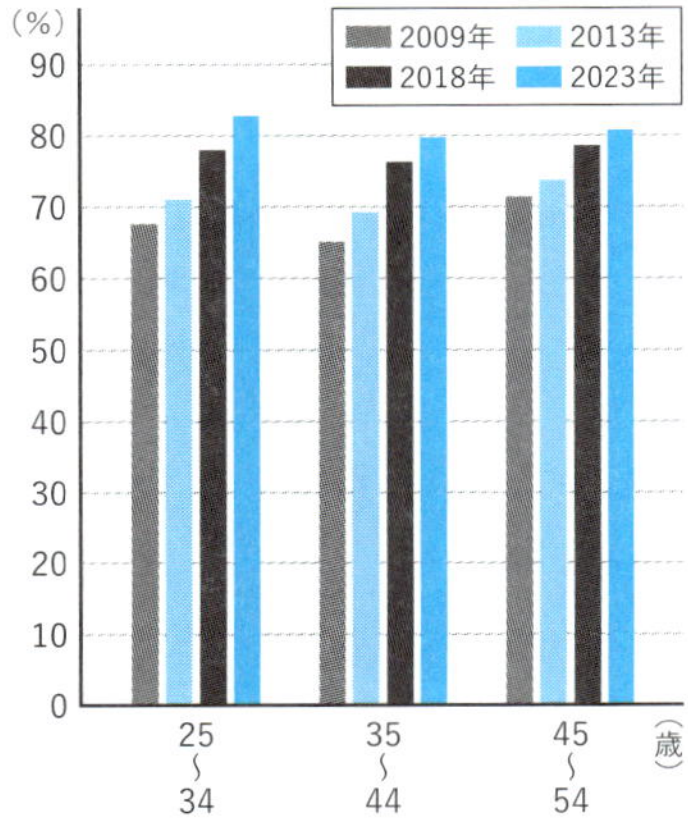

（出所）総務省「労働力調査」

と考えられなくもありません。

こうしたいくつかの条件が重なることで、就職氷河期世代の一部に貧困や格差の問題が起きているわけですが、貧困から抜け出すことは簡単ではないだけに、経済面や生活面でさまざまな問題が生じています。

1つ目は健康問題です。アメリカなどでよく言われることですが、貧困層の方が肥満率は高いと言われるのは、お金をなるべくかけずに空腹を満たそうとすると炭水化物の摂取が増えますし、食生活や医療にあまりお金をかけることができません。どうしても健康面の問題を抱えることになります。

2つ目は教育問題です。私は現在、大学の非常勤講師を務めていますが、学生の半分くらいが奨学金を借りています。かつてよりも高い比率ですが、それだけ塾代から学費まで教育にはかなりのお金がかかるため、教育費は親にとって、また子どもにとっても大きな負担となっています。特に貧困層の子どもはどうしても教育機会が制限され、将来の選択肢も狭くなります。

3つ目は、犯罪の増加などの社会不安の問題です。やはり格差が拡大すると社会不安を招き、分断を生じることになります。最近は失うものがない人を「無敵の人」などと呼びますが、若い世代がアルバイト気分で凶悪な事件に手を染めることも多く、こうしたことが続けば民主主義の基盤自体が弱体化するのではないでしょうか。

こうした問題を改善するためには、就職支援や生活支援、教育支援、住宅支援、年金制度改革などが欠かせないわけですが、やはり一番重要なのは経済成長です。

貧困というのは一度陥ると、そこから抜け出しにくいのですが、経済が成長して雇用創出が促進されれば、先ほど問題になった非正規雇用や、働いていない人の状況も改善されることになります。就職氷河期の問題は、個人の努力だけでは解決できない社会構造的な問題だけに、日本社会全体で取り組むことが何より大切なのです。

貯蓄志向が強く、消費力が弱い 就職氷河期世代が与える経済への影響

就職氷河期世代は本来なら働きざかりであり、収入も増えていくことで、経済成長のエンジンとなっていくべき人たちなのですが、よく言われるように、この世代は不況下で社会に出て、将来への不安も大きいだけに、消費マインドが低く、貯蓄志向が強いという特

徴があります。

若い頃に不況を経験すると、お金の使い方に慎重になるといいますが、就職氷河期世代以前の人は学生時代にバブルを経験していたのに対し、氷河期世代の人たちは学生時代からずっと不況の中で育ち、むしろ好景気を経験していません。

50代前半の人たちも学生の時にバブルを経験してはいても、社会に出る時にはひどい不況で、落差の大きさを知っているだけに、将来への不安は相当なものがあります。これではたとえ今、正社員でそれなりの収入を得ていたとしても、将来への不安から消費を抑えお金を貯めようと考えます。

そうすると、お金に余裕のある人も将来への不安からお金を使わなくなりますし、そもそも非正規雇用や仕事をしていない人の場合は肝心の消費に回すお金がないだけに、消費が伸びることはありません。

ＧＤＰの半分以上が個人消費のため、個人消費が停滞すると、当然ながら経済全体が低迷することになります。日本はＧＤＰで２０１０年に中国に抜かれ、長く世界第３位が続いてきましたが、２０２３年には人口がほぼ３分の２のドイツに抜かれ、２０２５年にはインドに抜かれると見られています。こうしたＧＤＰの伸び悩みには全体の半分以上を占める個人消費の伸び悩みが大きく影響しています。

もちろん、その責任のすべてが就職氷河期世代の消費マインドの低さにあるわけではありません。しかし、40代から50代前半が低い収入や不安定な雇用から将来への不安を感じ、消費を抑え、貯蓄に励むとしたら、人口のボリュームゾーンでもあるだけに、個人消費が勢いを取り戻すのはかなり難しいと言えます。

そして就職氷河期世代の消費マインドが低い背景には、住宅ローンや教育費の負担が大きいことに加え、年金制度への不安などが関係しています。

これら3つの不安について説明します。

1つ目の不安は住宅ローンですが、「年齢階層別住宅ローン保有世帯割合」（図表26）を見ると、40代を中心とする就職氷河期世代の住宅ローンの保有世帯割合は、それ以前に比べると高い傾向があります。

理由としては、長く低金利の時代が続いたことで住宅を取得しやすかったということもありますが、それは同時に住宅ローン返済の義務を負っている人も多いということでもあります。ここから一気に金利が大きく上がることは考えにくいのですが、それでも長い目で見れば確実に上がっていくわけですから、借りている人の7割が変動金利ということを考えれば、就職氷河期世代にとって住宅ローンの負担は増えることはあっても減ることはありません。

2つ目は教育費の問題ですが、かつては40代の教育費負担が最も大きかったのですが、2023年度の「年齢階層別教育費」（図表27）を見ると、就職氷河期世代の前半に属する50代の負担が増えています。理由としては、後述する就職氷河期世代の晩婚化が影響して、従来であれば40代で増えるはずの教育費が50代で増えるようになったということです。

就職氷河期世代の収入は、これまで見てきたように入社する時には低く、40代以降になっても低く抑えられています。こうした低い収入に大きな負担がのしかかってくれば、自ずと消費マインドは低くならざるを得ません。

さらに40代、50代になれば真剣に考え始めるのが**3つ目の年金**ですが、こちらもかつてのようなゆとりある老後は期待できません。

前述しましたが、ある報道で「老後資金4000万円必要」というニュースが報じられ、「以前の倍じゃないか」と驚いた方も多かったのではないでしょうか。

しかし、この試算の前提となっているのは「消費者物価上昇率3・5％」という高い数

図表26 年齢階層別住宅ローン保有世帯割合

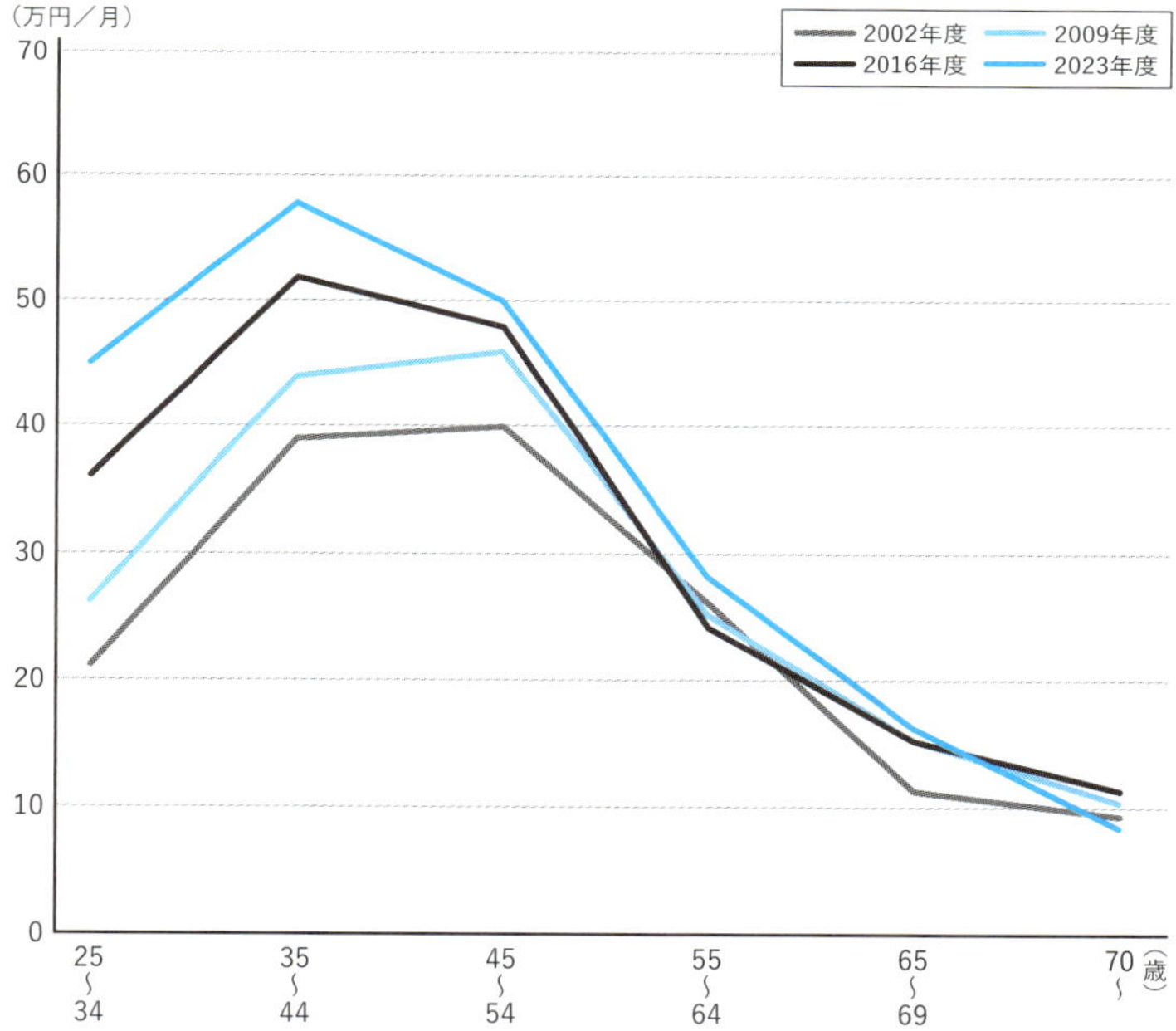

（出所）総務省「家計調査」

字です。日銀の長期的インフレ目標である「2％」で計算をすれば、平均的な二人以上の高齢者世帯の貯蓄額の中央値1604万円を前提とすれば、27年弱の生活維持が可能であり、必要な老後資金はインフレ率2％を前提としても「1200万円」程度で足りるというのが私の試算です。

もちろん貯蓄額はあくまでも平均値や中央値であり、300万円未満の世帯も約15％ありますし、年金の受給額も世帯によって異なっています。ましてや非正規雇用が長く、厚生年金に加入していなければ、年金受給額は国民年金だけになります。その意味では、不安定な雇用や低い収入に苦しんできた就職氷河期世代が、将来への不安を感じるのは当然のことと言えます。

こうした問題や不安を解消するために必要なのは経済の活性化であり、例えば韓国がキャッシュレス決裁比率を上げるために行ったキャッシュレス決済の所得控除のような「お金を使った人が得をする」といった政策が参考になるでしょう。

就職氷河期世代の問題は他の世代からは共感を得られにくい面がありますが、就職氷河期世代の消費マインドの低さは彼らの努力不足ではなく、政府の政策の失敗にも一因があるということを理解し、各世代が協力して課題解決に取り組むことが大切なのです。

図表27 年齢階層別教育費

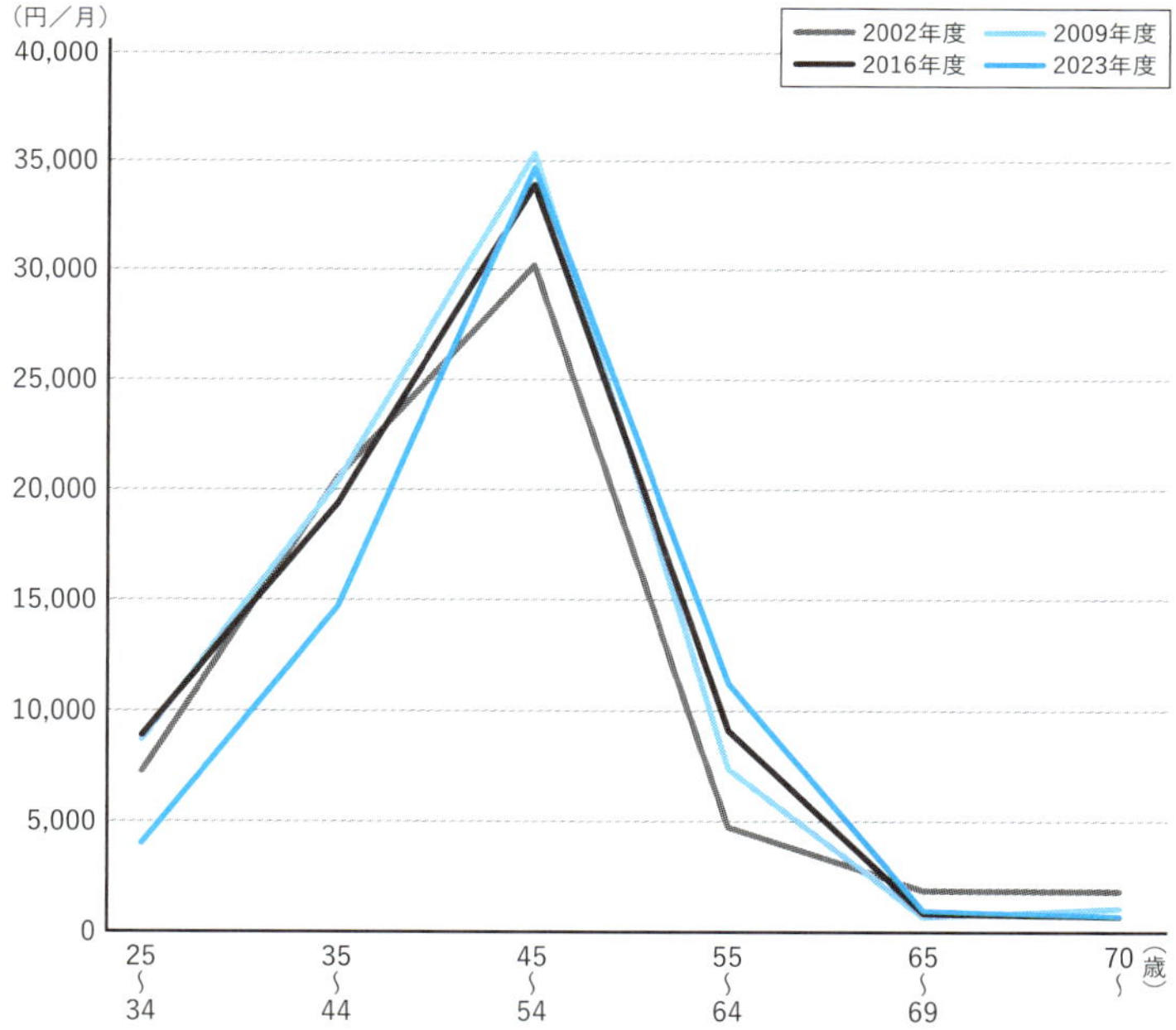

(出所)総務省「家計調査」

政府主導の支援対象者が100万人もいる現実

就職氷河期世代の雇用問題を改善するために、政府が2019年からの「5年間で正規雇用30万人の純増を目指す」という活動に取り組んでいることはすでに触れたとおりですが、支援対象者の数を政府は「約100万人」と見積もっています。

100万人の内訳は次のとおりです。

1　非正規雇用で正規雇用を希望する人が約50万人

2　求職活動を希望しながらも、さまざまな事情により活動をしていない長期無業者が約40万人

3　社会とのつながりをつくり、社会参加に向けてより丁寧な支援を必要とする人が約10万人

驚くのは、1の非正規雇用で正規雇用を希望する人が約50万人いるということです。

現在、日本の非正規雇用労働者は男女合わせて２０００万人以上いますが、そのうち本来は正規で働きたいけれども、事情により非正規で働いているという「不本意非正規」は全体の１割で約２００万人程度となります。

つまり、日本の不本意非正規のうちの４分の１が就職氷河期世代ということです。不本意非正規の中には会社を定年退職した高齢者の方たちも含まれているだけに、就職氷河期世代の中心が40代から50代前半ということを考えれば、やはり就職氷河期世代は社会に出る時に正規雇用になれないまま非正規雇用になり、今も不本意非正規の人が多いということが分かります。

だからこそ、政府としても本腰を入れて対策をせざるを得なくなったということでしょうが、具体的にどのような対策に取り組んだかというと、以下のとおりです。

1　就職支援
職業訓練、求人情報の提供、就職活動の個別相談など

2　生活支援
生活困窮者向けの公的支援制度の案内、生活相談など

3　住宅支援

住宅購入のための補助金や融資制度の案内、家賃支援制度の案内など

4　教育支援

子どもの教育費負担を軽減するための奨学金制度の案内、学習支援など

5　その他

健康支援、精神保健支援、エンパワメント支援など

これまでも強調してきたことですが、就職氷河期世代の問題は個々人だけの責任ではなく、社会や企業・政府の責任でもあります。その結果が10年以上にわたって就職氷河期世代を生んだわけですから、既にかなりの時間が経ったとはいえ、1人でも多くの人を支援するのは大切なことです。

こうした支援の結果、正規雇用労働者は増えているわけですが、まだまだ多くの人が非正規雇用で働き、無業者の人もいるわけですから、さらなる支援が求められるところです。

未婚率の高さとパラサイトシングルの今後

就職氷河期世代の一部は団塊の世代の子どもたちだけに、人口的にはボリュームゾーンとなります。ですから、仮にこの世代が順調に就職をして結婚をしていたなら、第三次ベビーブーマー世代が誕生した可能性があります。そうすれば、今日の日本の大きな課題となっている少子化問題も少しは違っていたかもしれません。

しかし、現実には就職氷河期世代は、結婚して独立することが人生の目的ではないという価値観の変化もあった世代でもありますが、一方で安定した就職をすることができず、経済的な理由から結婚をしない人も多く、また親と同居したままという人もいるというのが本当のところです。

「年齢階層別未婚率」（図表28）を見れば分かるように、就職氷河期世代の２０２０年の未婚率を１９８０年と比べれば大きく増えていることが分かります。たとえば男性では、40～44歳は１９８０年の４・７％に対し、２０２０年は32・２％、45～49歳は同じく３・１％に対し、29・９％、50～54歳は２・１％に対し、26・６％となっています。

これが、すべて雇用の不安定さや収入の低さが理由というわけではありません。かつては、男は学校を卒業したら、結婚して家を建て、子どもを育ててこそ一人前という価値観があったのに対し、今やこうした価値観は廃《すた》れ、結婚をコストパフォーマンスで考えたり、また1人でいることの自由を謳歌したりする人も増えているだけに、就職氷河期世代に限らず男性も女性も晩婚化傾向にあり、また生涯結婚をしない人がいれば、結婚をしても早々に離婚して1人に戻る人も少なくありません。

特にこの30年間の未婚率の上がり方はすさまじく、「生涯未婚率の推計」（図表29）では2020年時点で男性が28・3％、女性が17・8％だった未婚率が、2040年には男性が30・4％、女性が22・2％になるという見通しがあるほどですから、日本の少子化に歯止めがかからないのも仕方のないことです。そして、ここにも就職氷河期世代を長く放置したツケが回ってきているように感じます。

これほど未婚率が高ければ、結婚をしないままある程度の年齢になっても親と同居する人たちも増えてきます。そして、その中には親と同居するだけでなく、経済的にも親に依存するパラサイトシングルと呼ばれる人たちもいて、こうした人たちは親が亡くなった後、あるいは介護を必要とするようになった時、果たして経済的にどうなるのかも今や大きな

図表28 年齢階層別未婚率

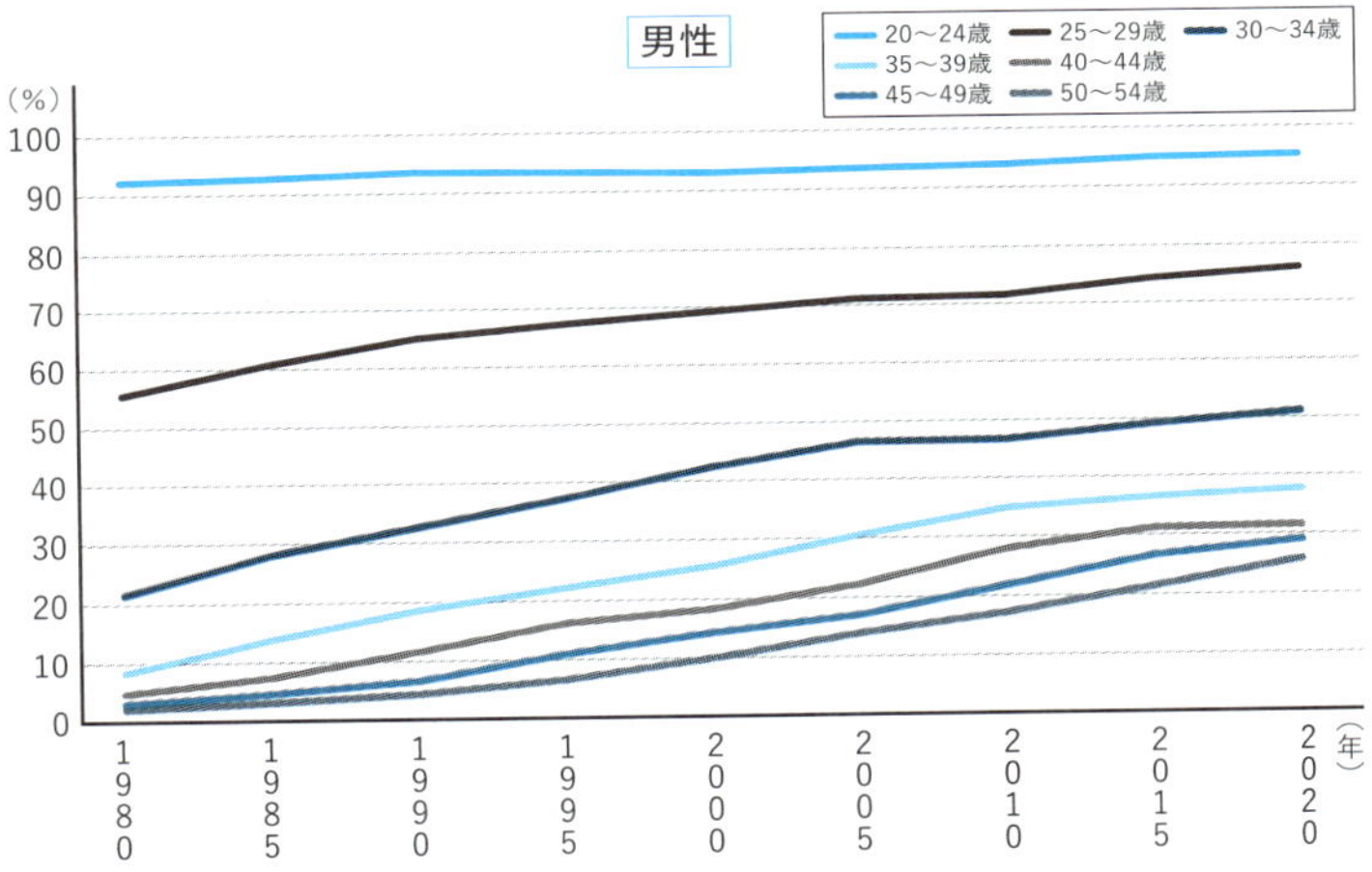

資料：総務省統計局「国税調査」(2015年及び2020年不詳補完値)

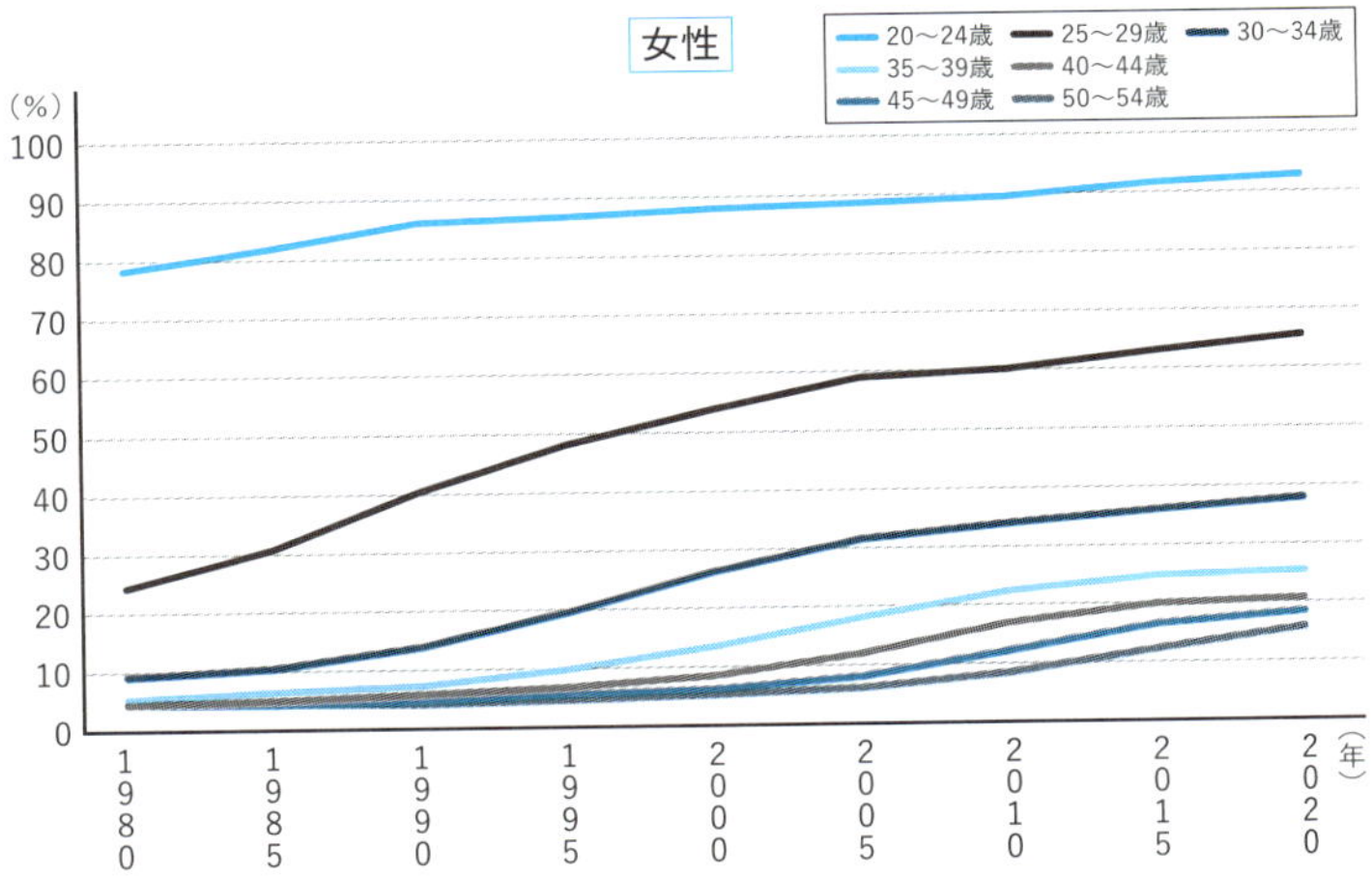

資料：総務省統計局「国税調査」(2015年及び2020年不詳補完値)

関心事となっています。

いずれにしても、未婚率の高さは少子化を加速させますし、パラサイトシングルは将来の介護や年金の問題とも関係するだけに、政府としては婚活支援や、子育て支援といった結婚や出産をしやすい環境の整備に取り組むことが必要になってきます。

上がり続ける税率と増えない収入の間で

雇用が不安定で収入が低いと、どうしても結婚や出産などをためらうことになりがちですが、それは非正規の人たちだけの問題ではありません。就職氷河期世代は社会に出る時も、そして社会に出てからも金銭面で割を食っています。

最近では、大企業を中心に大きく賃金が引き上げられているように報じられていますが、表を見れば分かるように企業規模年齢別で見ると、少なくとも２０２３年に賃金が一番上がっているのは小企業で、次が中企業です［企業規模別世代別一般労働者賃金（図表30）］。

一方、大企業は年齢階層別で見ると、ほぼ上がってはいるのですが、35～54歳のところ、

図表29 生涯未婚率の推計

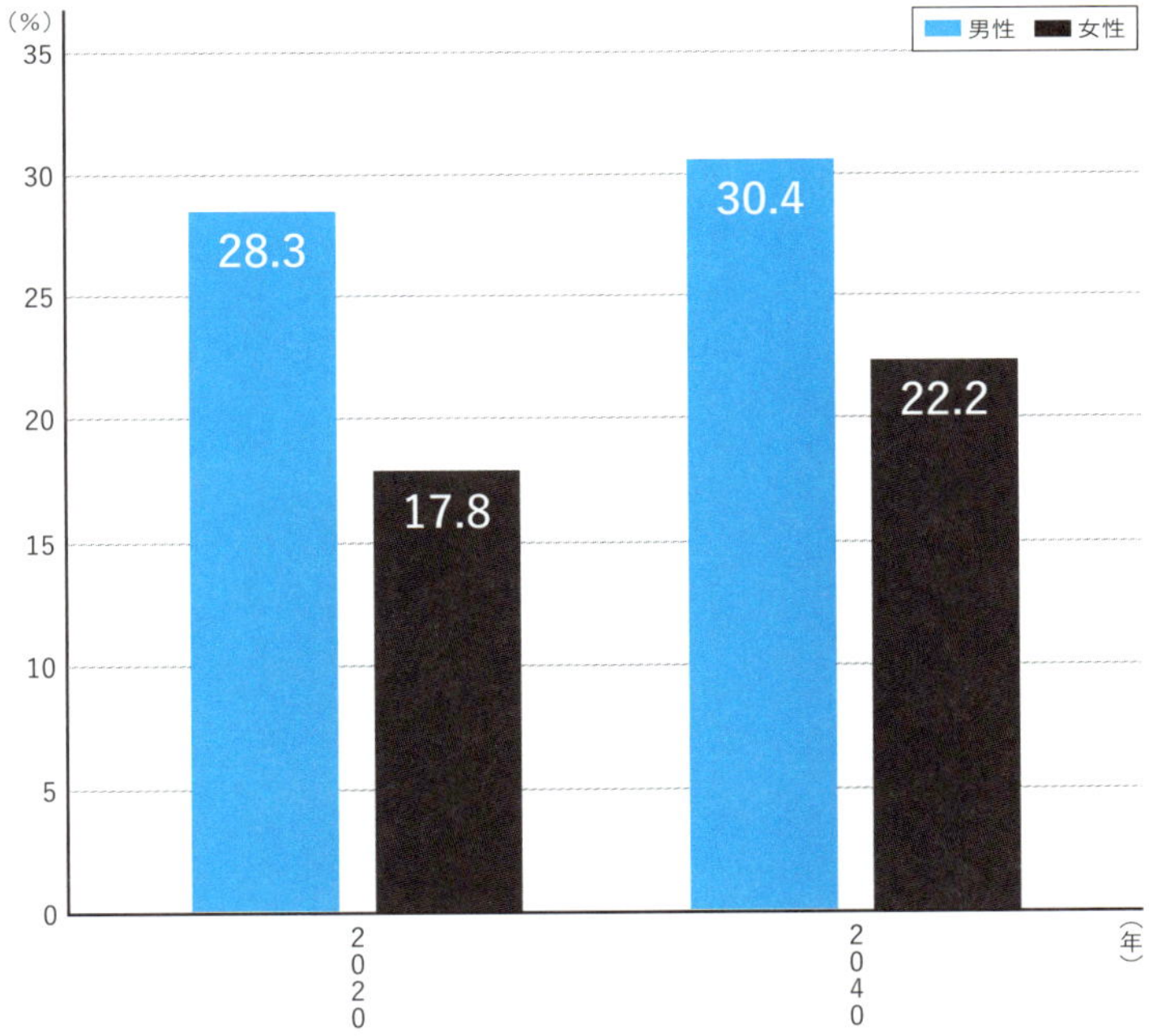

(出所)国立社会保障人口問題研究所

まさに就職氷河期世代は下がっています。

イメージとしては、大企業はとても大きく賃金が上がっていそうですが、確かに若い世代は上がっていても、人数的なボリュームゾーンではむしろ下がっています。これでは就職氷河期世代はたとえ大企業の正社員であってもたまったものではありません。

さらにこうした世代に追い打ちをかけるのが、これまでに説明した住宅ローンや教育費などの負担であり、増え続ける税負担となります。

税負担というと、所得税や消費税などのほか、健康保険や年金などの社会保険料の負担があります。しかし、２０１０年から２０２１年までの日本を含むＧ７諸国の国民負担率を国際比較したグラフ「国民負担率の国際比較」（図表31）で分かるように、他の国が１～４Ptの負担増に留まっているのに対し、日本だけが８Ptも上昇しています。

１つの原因は消費税の引き上げをはじめとした増税ですが、それとは別に社会保険料の負担がじわじわと増えてきて、そもそも増えない収入を削り、就職氷河期世代の生活を厳しいものにしています。

もちろん、誰が一番税金を負担しているかというと、金額的には富裕層ですが、富裕層はたとえば1億円稼いでいて1割負担が増えたとしても、生活にはそれほど大きなダメー

図表30 企業規模別世代別一般労働者賃金

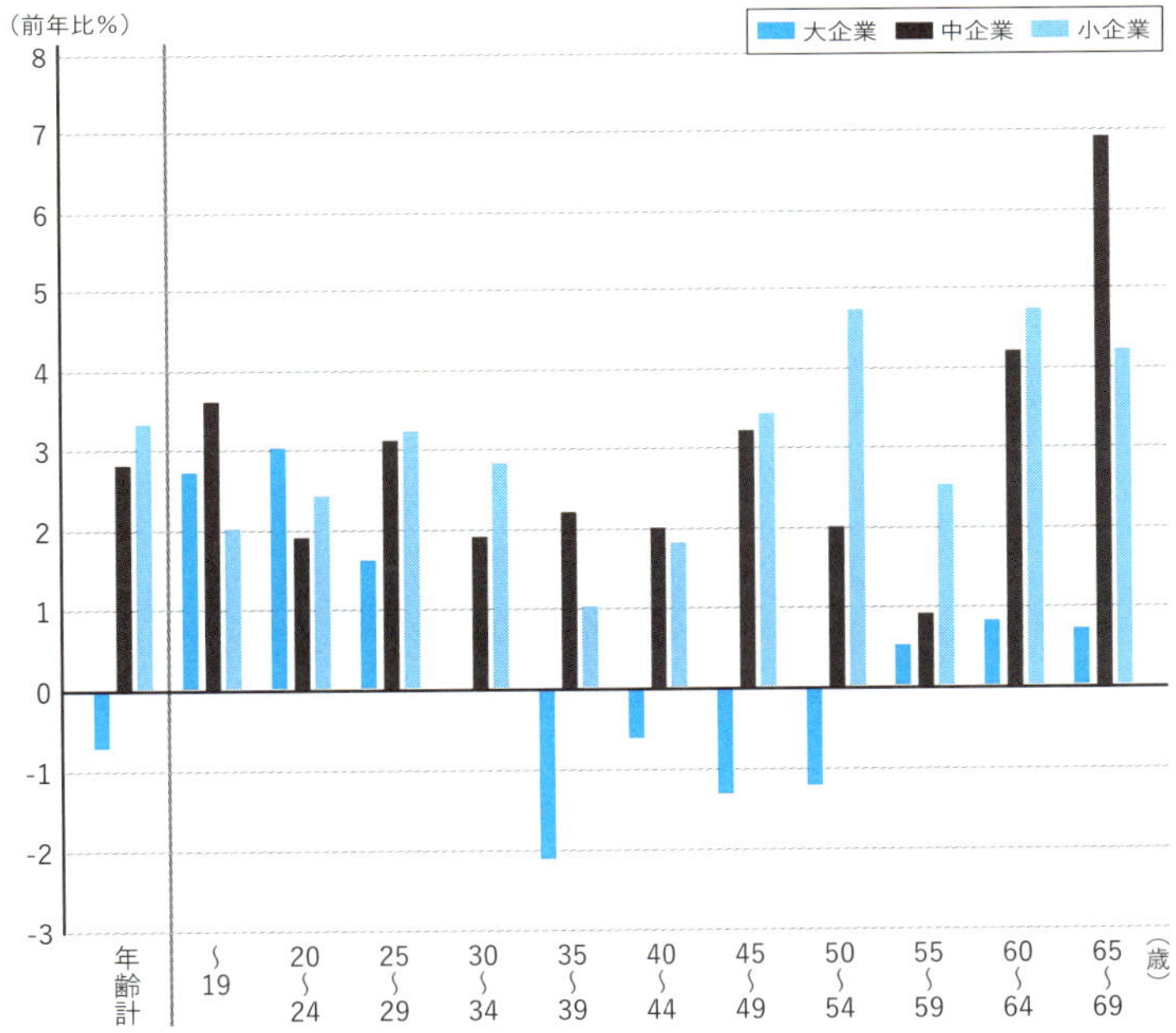

(出所)厚労省「賃金構造基本統計調査」

ジを受けませんが、非正規雇用で年収が１００万円とか２００万円の人にとっての1割や５％は生活にまともに響いてきます。

結局、就職氷河期世代は働き盛りにもかかわらず、賃金は伸びにくく、税負担が増えています。さらに、住宅ローンや教育費の負担もあるということで、そのことが将来への不安につながっているのです。

本来なら、所得控除や社会保険料の減免措置の拡大などができればいいのでしょうが、こうした施策が不十分なままに、収入が伸びにくい中で負担増が続けば、老後の生活資金が十分に確保できないままに、介護の問題や低い年金問題に直面することになるだけに、就職氷河期世代のみならず日本の将来が不安になります。

アベノミクスがすり抜けていった世代

就職氷河期世代の不遇や不安を解消するために必要なのは、さまざまな支援であることは確かですが、やはりそれ以上に大切なのは経済が良くなることです。そもそも就職氷河

図表31 国民負担率の国際比較

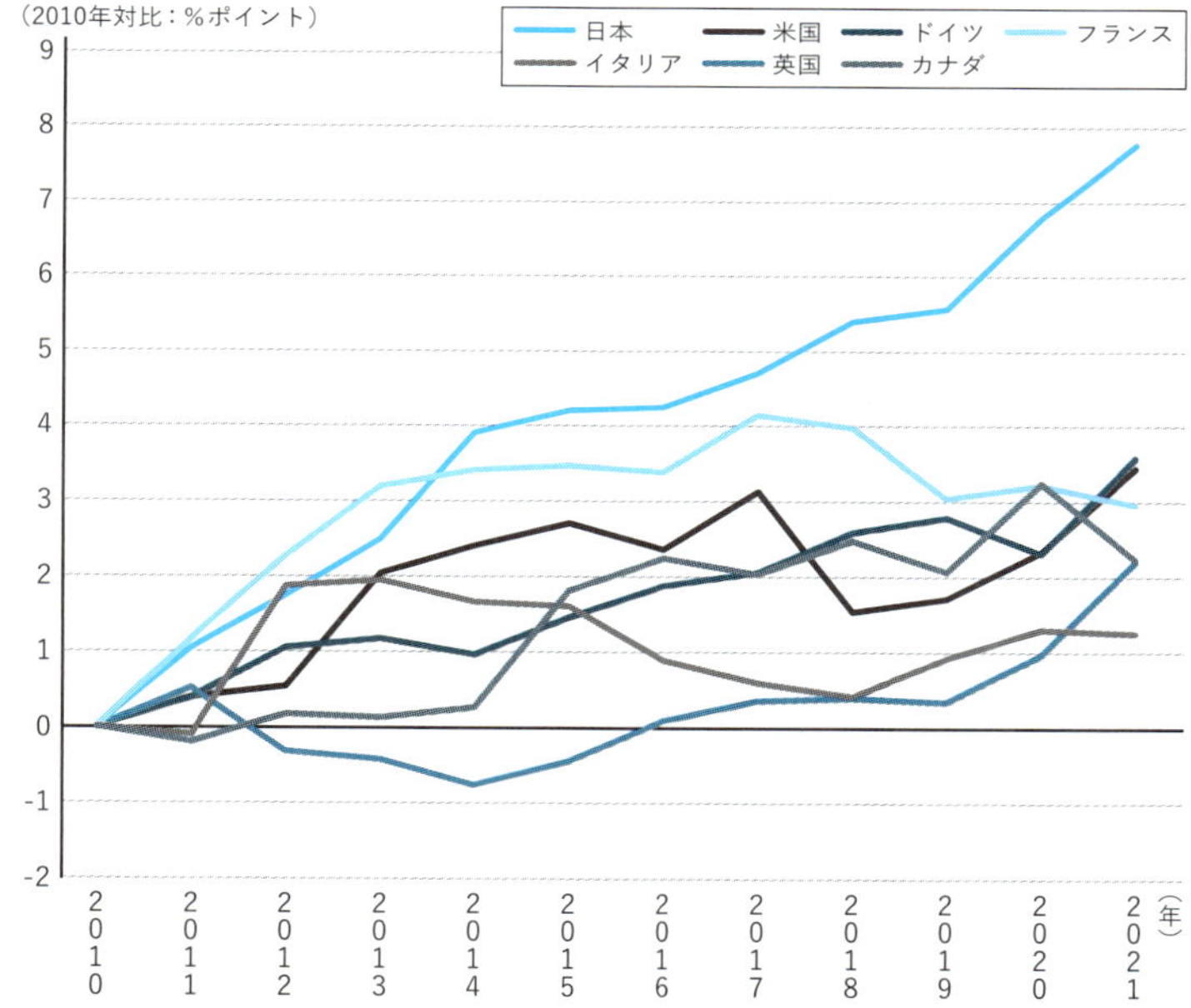

（出所）OECD

期世代がなぜ生まれたのかというと、1990年代前半のバブル崩壊であり、企業がその危機を乗り越えるために新卒採用を大幅に削減したことが影響しています。

しかも、バブル崩壊後の日本政府や日銀の経済政策対応が後手に回ったことで円高デフレが放置され、不況を長引かせたことが10年以上の長きに亘る就職氷河期を生み出しています。歴史に「ＩＦ（イフ）」はありませんが、この時期にリーマン・ショック後にアメリカが実施したような大規模な金融緩和や財政政策が行なわれていれば、日本は長いデフレに突入することはなく、結果として雇用環境も改善し、「就職氷河期世代」も生まれなかったのではと考えると残念でなりません。

こうした長いデフレから脱するために打ち出されたのが、2012年に発足した安倍晋三内閣（当時）の下での経済政策「アベノミクス」です。

アベノミクスは、**「①大胆な金融緩和」「②機動的な財政政策」「③民間投資を促す成長戦略」**という三本の矢で構成され、先進国の中でも異常な状態にあった日本経済を正常化すべく、景気回復と雇用の創出を目的としていました。

日本の長期デフレは、バブル崩壊後の需要の大きな落ち込みによって生じた需給ギャップに起因しています。需給ギャップというのは、企業の生産設備や労働力、技術力をフル稼働した際に生み出される経済の供給能力と、実際の需要との乖離《かいり》のことです。

つまり、働く意欲があるにもかかわらず、失業してしまって働くことができないとか、仕事量が少なくて企業の生産設備が遊んでいるといった本来使えるはずの能力がフルに使えていないことを需給ギャップが生じているといいます。

アベノミクスが目指したのは、このように足りない需要を、金融・財政政策を中心にしてつくり出し、需給ギャップを埋めることで景気を回復させ、物価を緩やかに上昇させようというものです。結果的には金融政策が中心になりましたが、当初は財政政策も加えて効果を高めるというのがアベノミクスの考え方でした。

第一の矢の「大胆な金融緩和」は、それまで日銀が「1%を目途」としていた物価安定目標に代わって「2%のインフレ目標」を掲げ、「極端な円高・株安の是正」を進めるものです。

第二の矢の「機動的な財政政策」は、公共事業や減税などにより経済活動を活性化させようというものです。

第三の矢の「民間投資を促す成長戦略」は、端的に言えば日本のビジネス環境を整え投資をうながすというものです。

三本の矢に関しては、私自身はやれることはそれなりにやったと見ていますが、第二の矢は早すぎる消費増税で引き締め過ぎたことで失敗したと考えています。そして、第三の矢は進んでいるところは進んだものの、十分ではないというところです。

アベノミクスに関しては、評価をする人がいる一方で、批判的な見方をする人もいます。しかし実体経済を見ると、極端な円高・株安が是正されたことで輸出は増加しましたし、国内の設備投資も増加しています。

また、雇用の増加にも大きな効果が出ています。極端な円高・株安の是正で内外の需要が増えれば、人手不足になりますから、主にそれまで減っていた製造業や建設業では雇用が増加しました。「正社員の推移」（図表32）のとおり、アベノミクス以降、雇用の増加は顕著となり、正社員の数も増加していますし、賃金も上昇しています。

アベノミクスについて批判的な見方をする人の中には、「雇用が増えたといっても非正規ばかりが増えて、全然恩恵などなかった」と言う人がいますが、そういう人はデータを見ないで批判をしています。実際には正社員の推移を見ると、最初は女性の正社員が増えて、次に男性も増え始めています。

図表32 正社員の推移

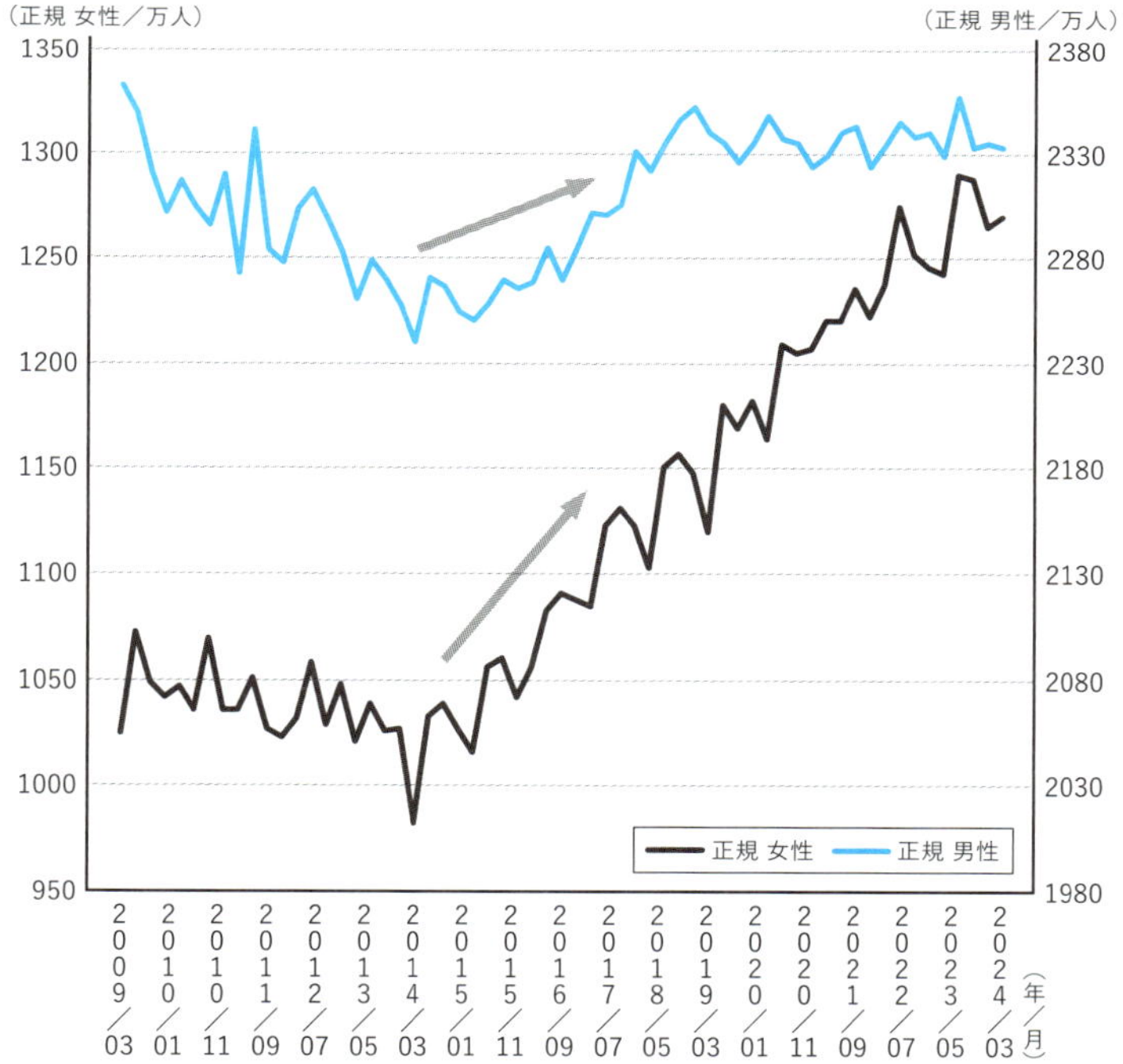

（出所）総務省「労働力調査」

賃金に関しても、アメリカなどで使われる時間当たりの賃金で見ると、アベノミクス後に上がっていることが分かります［名目賃金の推移（図表33）］。

このようなデータを見ると、アベノミクスによって正社員も増加し、求人倍率なども上り、賃金も上昇したわけですが、就職氷河期世代の誰もが恩恵を受けたのかというと、そうではないでしょう。氷河期世代の一部は恩恵を受けたと思いますが、十分に恩恵を受けることができなかった人もいるというのが本当のところでしょう。

理由としては、新しく正社員になるのは若い人（新卒・第二新卒）が多いと想定され、就職氷河期世代の非正規で働いていた人たちは、そもそも賃金が低いため、たとえ賃金が上がったとしても、その金額は決して十分ではなかった人もいるでしょう。また、アベノミクスによって求人倍率自体は全都道府県で１・０を超えたものの、地方にいる就職氷河期世代にとっては都会に暮らす人ほどの波及効果はなかったかもしれません。

そう考えると、アベノミクスは就職氷河期世代にとってある程度の恩恵はあったものの、十分な恩恵を受けられなかった人もいた可能性があり、将来の不安を解決するためにもさらなる経済の活性化と、これまで紹介したような支援策の充実が必要になってくるのではないでしょうか。

図表33 名目賃金の推移

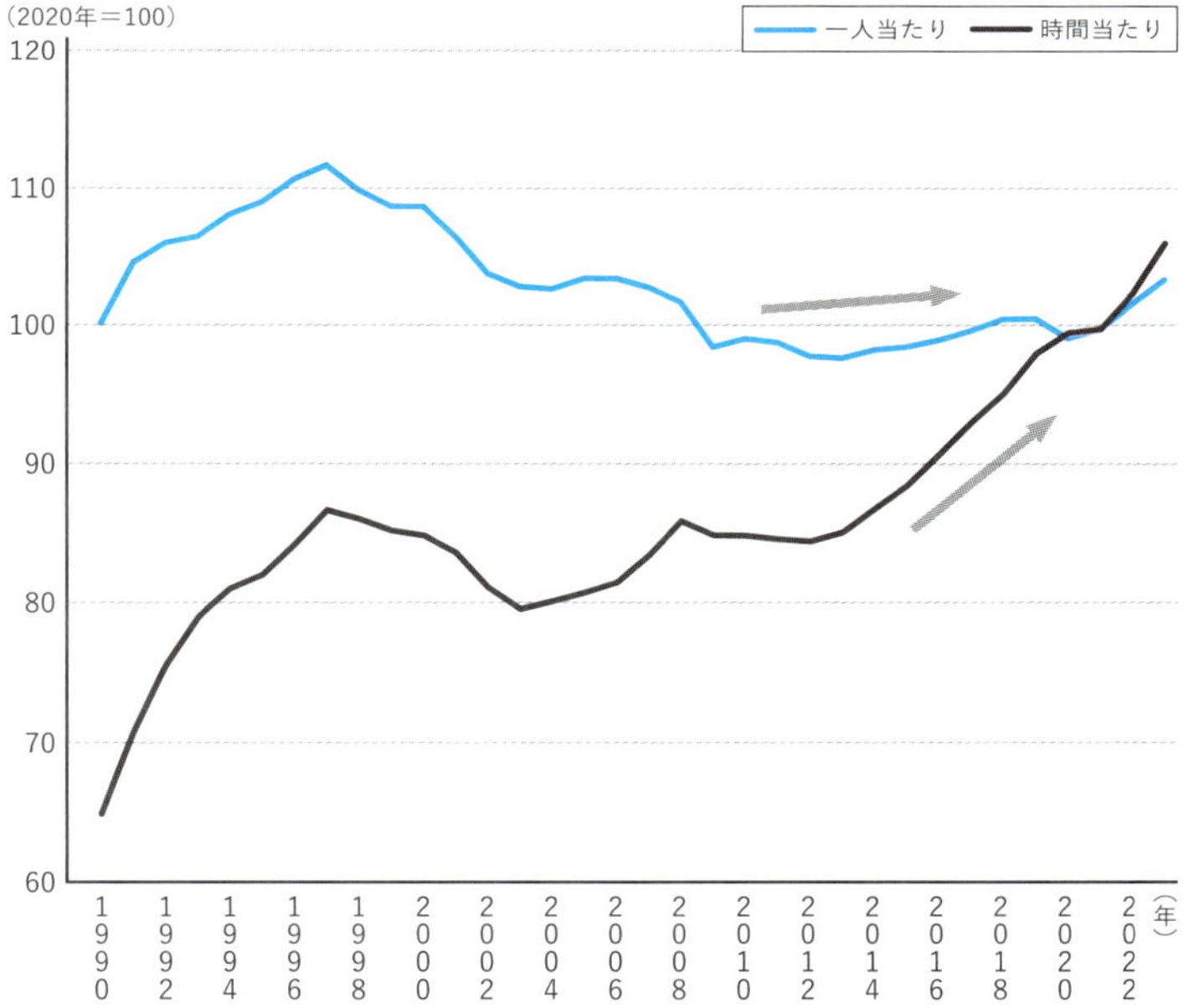

(出所)厚生労働省「毎月勤労統計」

長い非正規生活による老後への不安

就職氷河期世代の経済事情という点で、今後の一番の不安は年金問題になります。2024年にマスコミが取り上げて話題になった「老後資金は4000万円必要」という報道に関しては、すでに過大推計であることを指摘しましたが、就職氷河期世代で長く非正規雇用だった人の場合、不安は尽きないと思います。

老後資金が2000万円必要にしても4000万円必要にしても、試算の前提となっているのは平均金融資産が2500万円近くある老齢無職世帯ですから、年金は厚生年金で退職金などもある程度貰える世帯の割合が高いのでしょう。

つまり、ある程度の貯蓄があり、かつ平均20万円を超える厚生年金を貰える世帯の収支をモデルケースとして計算していますが、**非正規雇用の場合は厚生年金に加入していないケースが多く、仮に加入していたとしても加入期間はそれほど長くありません。**

「はじめに」でも触れたように、厚生労働省が就職氷河期世代である1974年度生まれの50歳の人が65歳時点で受け取る年金額（現在の物価水準ベース）の分布状況を推計したところ、全体の39・1％が月10万円未満だったといいます。このうち18・1％は月7万円未満、5・7％は月5万円未満と言いますから、このあたりにも雇用の不安定さからくる年金加入期間の短さなどが影響しているようです。

このままだと、就職氷河期世代の年金額は相対的に低いものになり、生活保護に陥るリスクも高くなります。こうした対策として、厚生年金に加入できるパート労働者らの対象を拡大するといった策も講じられつつありますが、厚生年金というのは国民年金と違って雇っている企業側の負担が増えますし、中小企業の場合、その負担に耐えられず倒産するところもあるかもしれません。

税金というのは赤字になれば払う必要がありませんが、社会保険料というのは赤字でも払わなければならないため、その負担の大きさを訴える企業もあるほどです。

ただ、就職氷河期世代の立場に立てば、非正規雇用の厚生年金への加入が促進されることは望ましいことと言えます。ほかにも年金制度改革によって年金受給額の減少を抑制できれば老後の生活に少し安心感が持てますし、新ＮＩＳＡや確定拠出年金などを活用すれば、「節税しながらお金に働いてもらう」ことも可能になります。

そして、何より大切なのは健康で長く働けるように努めることです。

実際2023年の高齢者の労働参加率を年齢階級別にみると、65〜69歳は53・4%となっています。70歳以上も18・6%となっています［シニアの労働参加率（図表34）］。

この数字が喜ばしいことかどうかは人によると思いますが、人生100年時代となり、定年年齢の65歳を過ぎても働くことのできる人が増えているのは確かです。

老後の資金が足りないというと、どうしても「お金を貯める」ことに目が行きがちですが、「健康で長く働く」ことができれば、そこまで貯めなくても余裕のある老後を送ることができます。

就職氷河期の問題は、何度も触れたように、社会全体で取り組む問題ですが、同時に社会の価値観の変化もあったでしょうし、安定した就職をすることができずとも、経済的に「自分でできることは何か」と考え、できることをやるのも大切なことなのです。

図表34 シニアの労働参加率

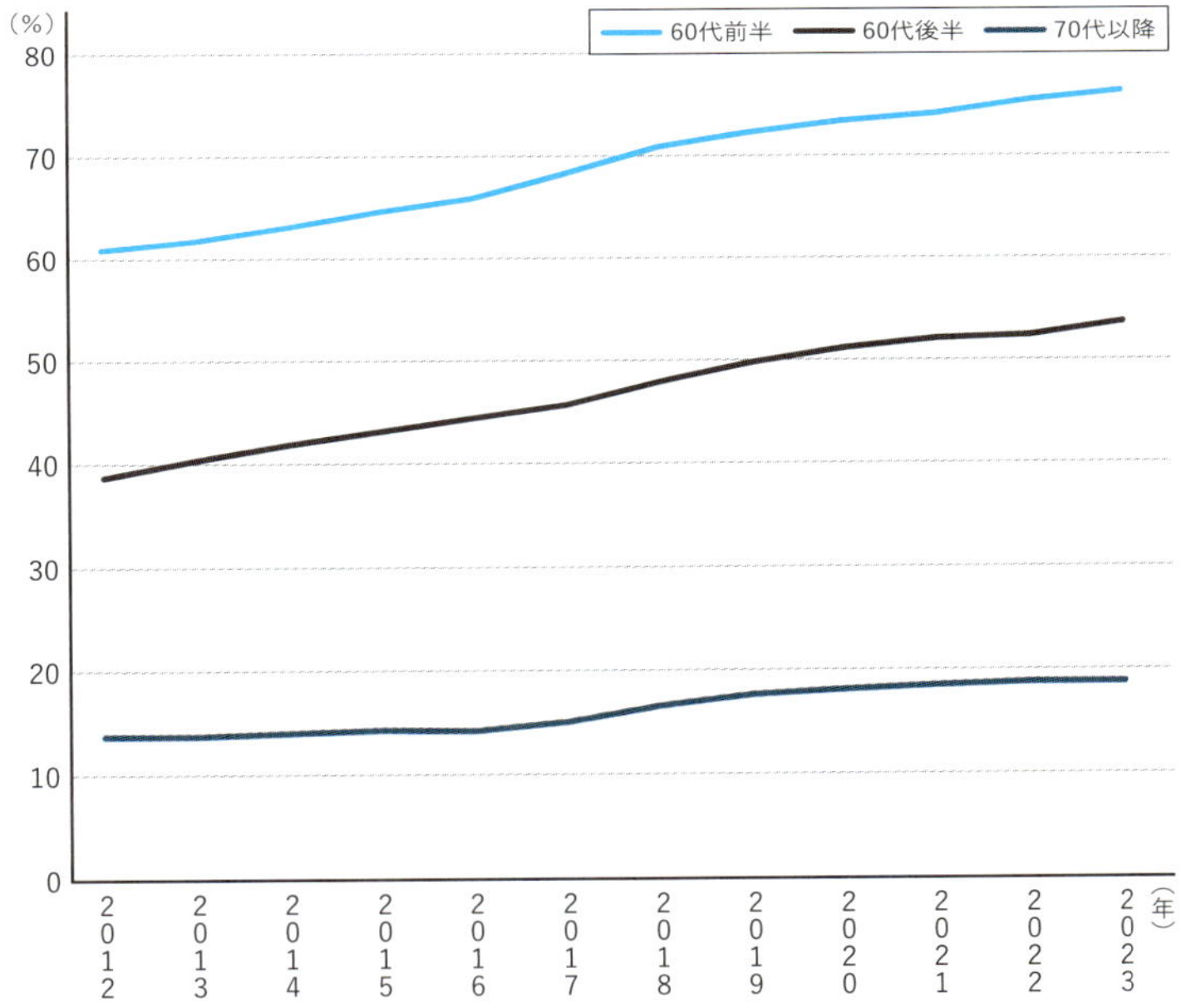

(出所)総務省

第4章

「就職氷河期世代」の生活事情

「お金を使わない文化」が定着した世代

これまで就職氷河期世代の雇用事情や経済事情を見てきましたが、ここまでで分かることは、就職氷河期世代が社会に出る時にも苦労をし、社会に出てからも苦労を強いられているということです。社会に出る時には希望する企業の採用数が大幅に削減され、中には採用ゼロというケースもあり、やむを得ず正規雇用ではなく非正規雇用の道を選んだ人も少なくありません。

そして運よく正規雇用となった人も、入社時の給与は今の若い世代よりも低く、本来収入が増えるはずの40代から50代前半に差し掛かった今は、若い社員の収入が大きく増える一方で、むしろ抑制傾向にあるという厳しい状況にあります。

こうした不安定な雇用、増えない収入の一方で住宅ローンや教育費、税金などの負担は増え、年齢的にも親の介護に直面したり、自らの老後を考えたりするようになると、「使うお金に慎重になる」のが当然のことではないでしょうか。

というのも、アメリカの経済学者であるギウリアーノとスピリンバーゴが２００９年に発表した論文によれば、若い頃（具体的には18～25歳）の不況経験がその後の価値観に影響を与えることを米国のデータから実証的に明らかにしたうえで、その価値観は年齢を重ねてもほとんど変わらないとしています。

このため、仮にこのデータが日本にも当てはまるとすれば、少なくとも失われた30年の間に社会に出た就職氷河期世代に代表される50代前半までの世代の消費行動はどうしても慎重にならざるを得ず、財布のひもはそう簡単に緩むことはないでしょう。

こうしたことからすれば、仮に実質賃金がプラスになったとしても、それくらいでは個人消費が盛り上がる可能性は低いと思われ、なかでも社会に出る時も出てからも苦労の多かった就職氷河期世代であれば、簡単にはお金を使いませんし、もはや「お金を使わない文化」ができ上がっていると言えます。

もちろん、全くお金を使わないということではなく、バブル景気の頃なら「高いものから売れていく」というお金の使い方があったのに対し、それ以降の世代は価格よりも自分の価値観を大切にして、自分にとって価値あるものにはお金を使うけれども、そうでないものに対しては使わないといった消費傾向もあるのではないでしょうか。

物価が上がっているのに、消費支出が前の世代よりも低い

就職氷河期世代はバブル崩壊後の厳しい経済状況を経験しているうえに、上の世代よりも収入が低くなっていることもあり、節約志向が強いというのは間違いありません。それは「年齢階層別消費支出」（図表35）を見るとはっきりします。

２つのグラフは年齢区分の仕方が違うため多少ずれがありますが、上のグラフでは45～54歳（２０２３年度）が就職氷河期世代で、下のグラフでは40～49歳が就職氷河期世代（２０２３年度）となります。そしてこのグラフでバブル世代や団塊の世代といった前の世代が同じ年齢の時の消費支出と比較すると、いずれもかなり低いことが分かります。

２０１６年と２０２３年では７年の差があり、当然ながらその間に物価が上がっていることを考えると、就職氷河期世代が前の世代に比べていかにお金を使わないか、節約志向であるかがはっきりと分かります。そしてもう１つ特徴的なのが、両方のグラフで分かるように、60代くらいの人たちが２０２３年には圧倒的に消費を増やしていることです。

２０２０年に始まったコロナの世界的な感染拡大によって、旅行や飲食など人々の行動

図表35 年齢階層別消費支出

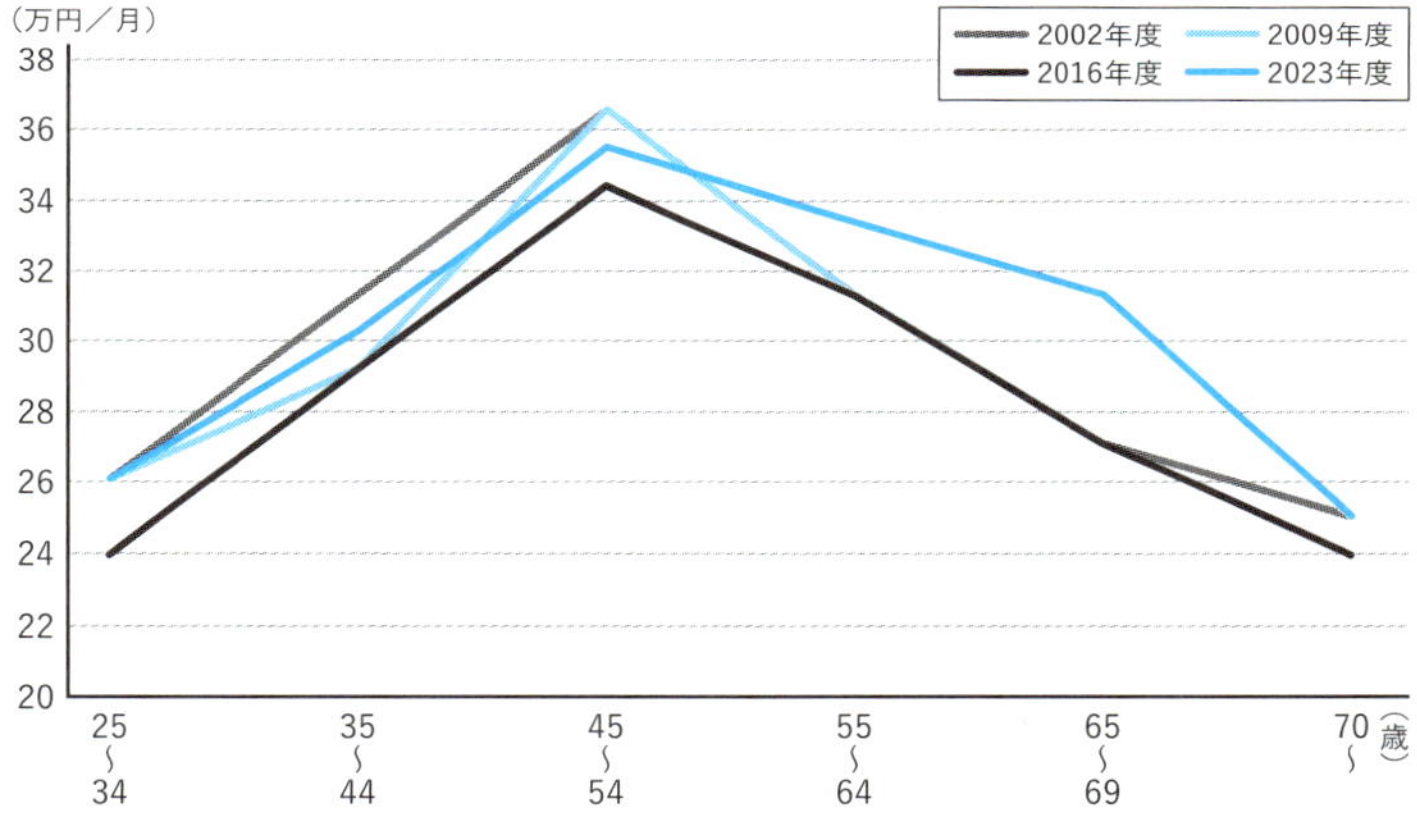

（出所）総務省「家計調査」

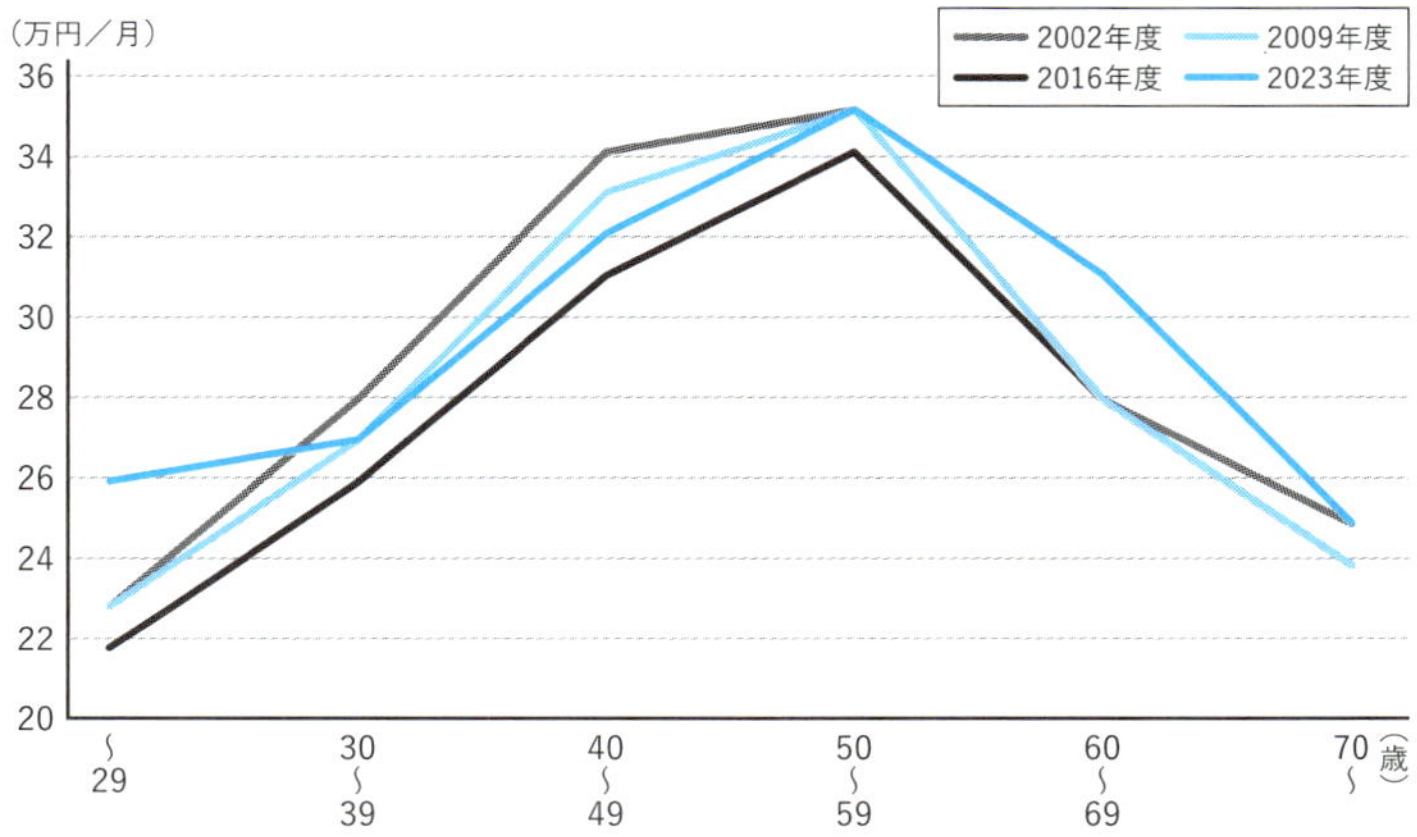

（出所）総務省「家計調査」

は大幅に制限されたわけですが、2023年になり、こうした制限は徐々に解除されています。結果、それまで我慢していた旅行や飲食がかつてのようにできるようになり、バブル世代や団塊の世代が一気にお金を使うようになりました。それに対し、就職氷河期世代には大きな変化がないところに、本章の最初に紹介したアメリカの経済学者ギヴリアーノとスピリンバーゴの説の正しさが表れています。

その理由としては、これまで何度か触れてきたように、前の世代と比較して収入が低いとか、雇用が不安定な人が多い、さらには住宅ローンや教育費・税負担の大きさなどが考えられますが、もう1つ言えるのは、就職氷河期世代と前の世代では価値観が違うということも大きいのではないでしょうか。

団塊の世代というのは、戦後間もない時期に生まれた人たちであり、もののない時代に何とか豊かな生活を送りたいと懸命に頑張った人たちです。働いてお金を稼ぎ、そのお金で家電製品を揃え、家を建てることこそ成功の証であり、また頑張って働けばそれが可能になった世代でもあります。

そしてバブル世代は「ジャパン・アズ・ナンバーワン」と言われたように、日本が世界に向かって大きく飛躍した時代であり、たくさんの成功と豊かさも経験しています。そのため、ブランド品などの高級品や高級車を買うことを当たり前と考えてきた世代です。

もちろん、こうした豊かさを誰もが享受できたわけではありません。しかし、団塊の世代やバブル世代にとってものを買うこと、おいしいものを食べること、海外旅行などに行くことは普通のことであり、物質的な豊かさを追い求めていたとも言えます。

こうした価値観の対極にいるのが「就職氷河期世代」です。彼らの多くは、子どもの頃から周りにたくさんのものがあり、物質的な豊かさはある程度経験しているだけに、前の世代ほど物への強い執着はないでしょう。

物質的な豊かさよりも、精神的な豊かさを重視していたところに、バブルの崩壊、そして就職氷河期が訪れたことで「モノよりもコト消費」へと向かい、上の世代から見ると「節約志向の生き方」を当たり前のようにするようになったのではないでしょうか。

その意味では、就職氷河期世代の消費性向の低さは厳しい経済状況ももちろん影響しているわけですが、そこに価値観の変化や多様なライフスタイルも加わることで「必要なもの以外お金を使わない」という特徴になっていると思います。

人口ボリューム世代なのに全体支出が増えない衝撃

就職氷河期世代は消費支出が低い傾向にあるわけですが、これはマクロ経済的に非常に大きな影響をもたらしています。

就職氷河期世代は現在「人口動態の推移」（図表36）のように人口のボリュームゾーンとなっています。第二次ベビーブーマー世代となります。

本来であれば、このボリュームゾーンが40代から50代に差し掛かれば、収入も増え、支出も増えるはずなのですが、その世代が節約志向で支出が増えないとすれば、全体の支出も増えず、マクロ経済的には大きな影響を与えます。

もちろん、この世代の雇用の不安定さや収入の低さもあるわけですが、それ以上に住宅ローンや教育費、税金、さらには将来の介護や老後費用などのことまで考えれば、おちおちお金を使っていられないという気持ちになるのではないでしょうか。

例えば、住宅ローンを借りている人の多くは変動金利で借りているだけに、日銀が政策金利を引き上げれば、当然、住宅ローンの金利も上がることになります。日銀は、住宅ロ

図表36 人口動態の推移

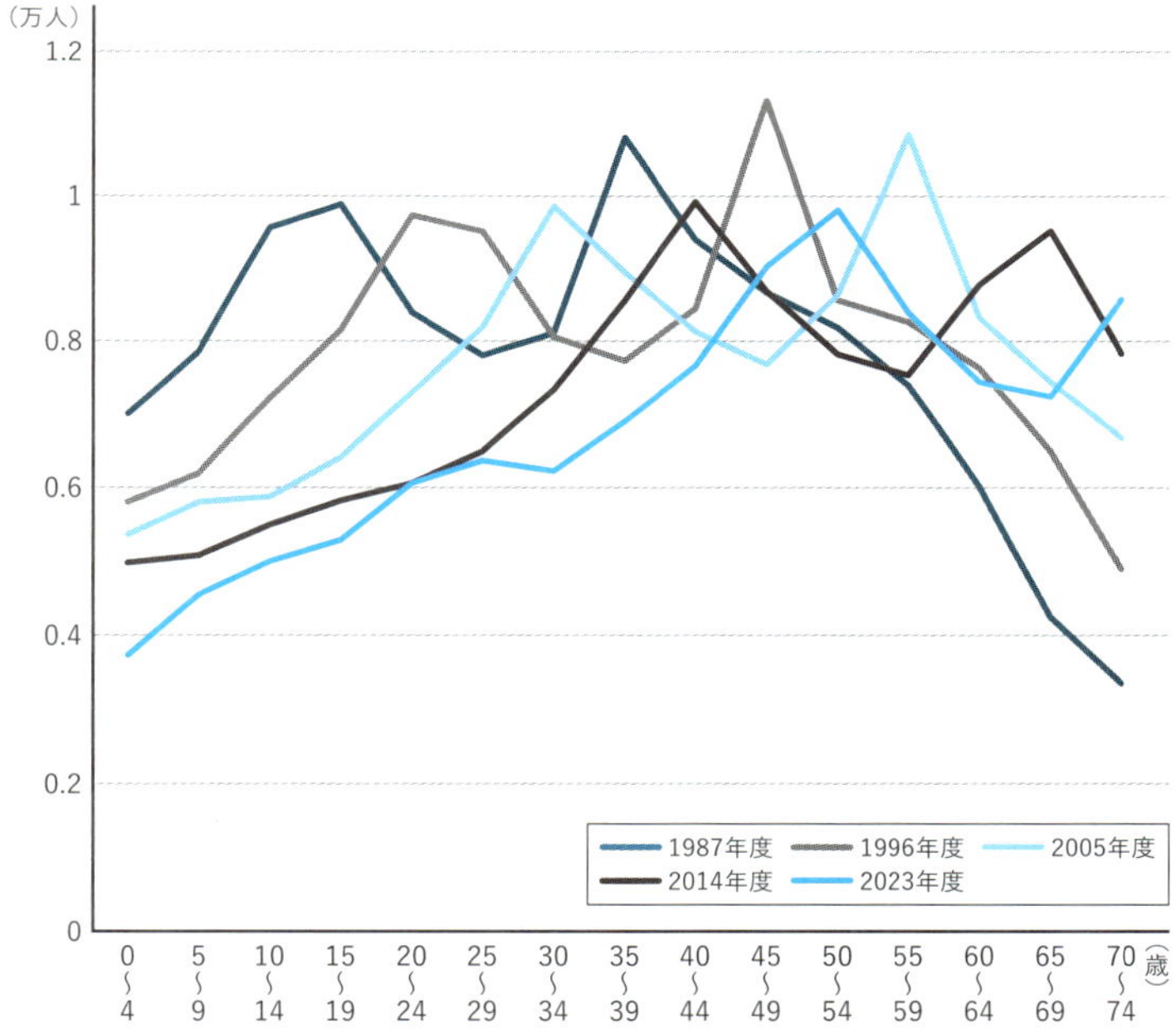

(出所)総務省「家計調査」

ーンの金利も上がるけれども、預金の金利も上がるだけに影響は限定的としています。確かにマクロで見れば、住宅ローンを借りている人は限定的で、住宅ローン金利の上昇よりも預金金利上昇の恩恵を受ける人の方が多いわけです。しかし、「預金金利が上がったから消費を増やすか」と考える人はほとんどいないでしょう。

一方、住宅ローンの金利が上がれば、その分、節約をする家庭も少なくないでしょうから、マクロで見て金利収支がプラスになるからといって、消費にプラスになる可能性は低いでしょう。

２０２４年夏には「令和の米騒動」ということでお店からお米がなくなったり、あるいは新米が出回り始めても、価格が１・５倍や2倍になったりしました。米の値段が上がれば当然、外食産業も値上げをせざるを得ませんし、スーパーやコンビニのお弁当やおにぎりの価格にも影響が出ます。

物価が上昇する時代、就職氷河期世代の賃金は世の中の賃上げという動きから取り残され、中には下がるケースもあるわけですから、そこに物価が上がればさらなる節約をせざるを得ません。

このように、人口ボリューム世代の支出が増えないことは、マクロの個人消費が伸びないことを意味しますから、ＧＤＰの伸びにも影響することになるのです。

教養娯楽費は減り、一部の消費だけが増加

総務省の家計調査では、「年齢階層別教養娯楽費支出」（図表37）というデータがあります。

これを見ると、教養娯楽費の支出は、消費支出にほぼ正比例するのですが、それを見るとでは就職氷河期世代にあたる45～54歳の２０２３年度の消費額は２００２年度、２００９年度より低くなっています。

当然、その間の物価は上がっているわけです。にもかかわらず20年前、15年前の数字よりも低いということは、教養娯楽に使うお金を控えているということになります。ここでも収入が思うように伸びず、住宅ローンや教育費、税金などの負担が増え、かつ物価も上がっていく中で使えるお金が減り、その分、教養娯楽費にしわ寄せがきていることがよく分かります。

一方、「年齢階層別外食支出」（図表38）のグラフを見ると、**こちらは２０２３年度に関しては、就職氷河期世代を含むすべての世代で外食にかける費用が増えていることが分かります。**

理由はいくつか考えられます。

コロナの自粛期間中に外食を控えていた反動で増えたという理由も1つあるでしょう。もう1つは、物価が上昇する中で値上げが行われたこともあるでしょう。

ほかには、教養娯楽費に含まれる旅行などには行けないけれども、代わりにせめて外食で我慢しているということも考えられますし、共働き世帯が増えたことで、家で食事をするのではなく、外で食事をする機会が増えたとも考えられます。

このように、外食費用が増えていることに関してはいくつかの理由が考えられますが、いずれにしても就職氷河期世代の家計は厳しく、旅行などの高額な消費を抑え、代わりに時に外食などを楽しみながら、今後負担が大きくなる住宅ローンや子どもの教育費、さらには介護や老後への備えを行っていることを示しているのではないでしょうか。

図表37 年齢階層別教養娯楽費支出

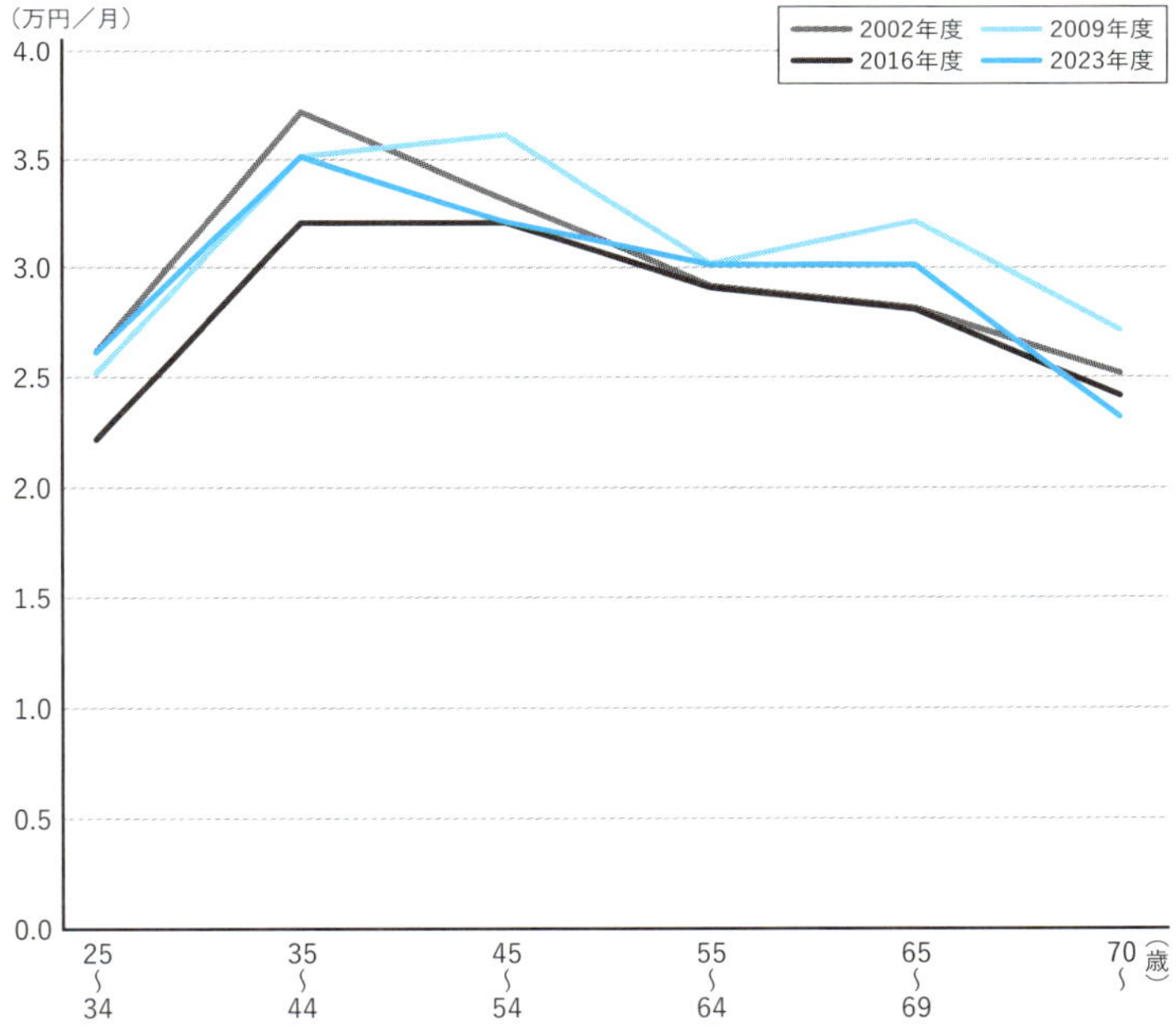

(出所)総務省「家計調査」

33万人に迫る親の介護による生活不安

就職氷河期世代は社会に出る時も「割を食って」いますし、社会人になってからも思うように収入が伸びないという点で「割を食って」いますが、さらに年を重ねて親の介護に直面するようになるとさらに「割を食う」ことになります。

日本のような世界に例を見ないペースで高齢化が進んでいる場合、少子高齢化ということもあり、増え続ける高齢者を減り続ける現役世代で支える必要が出てきます。当然、介護サービスにかかる費用も増え続けています。実際「介護サービス支出」（図表39）を見ると、２０２１年がコロナの影響もあり突出していますが、それをのぞけば明らかに右肩上がりで増え続けていることがわかります。

就職氷河期世代は、今まさに親の介護の問題に直面しつつあります。そして介護に要する費用が増えるだけでなく、介護と仕事の両立や、なかには介護と仕事と育児を同時にという難題を抱え、時間的な負担も大きくなってきます。両立が難しく、家族を介護するために仕事を辞める介護離職者も増えており、こうしたケースでは介護に欠かせない経済的

図表38 年齢階層別外食支出

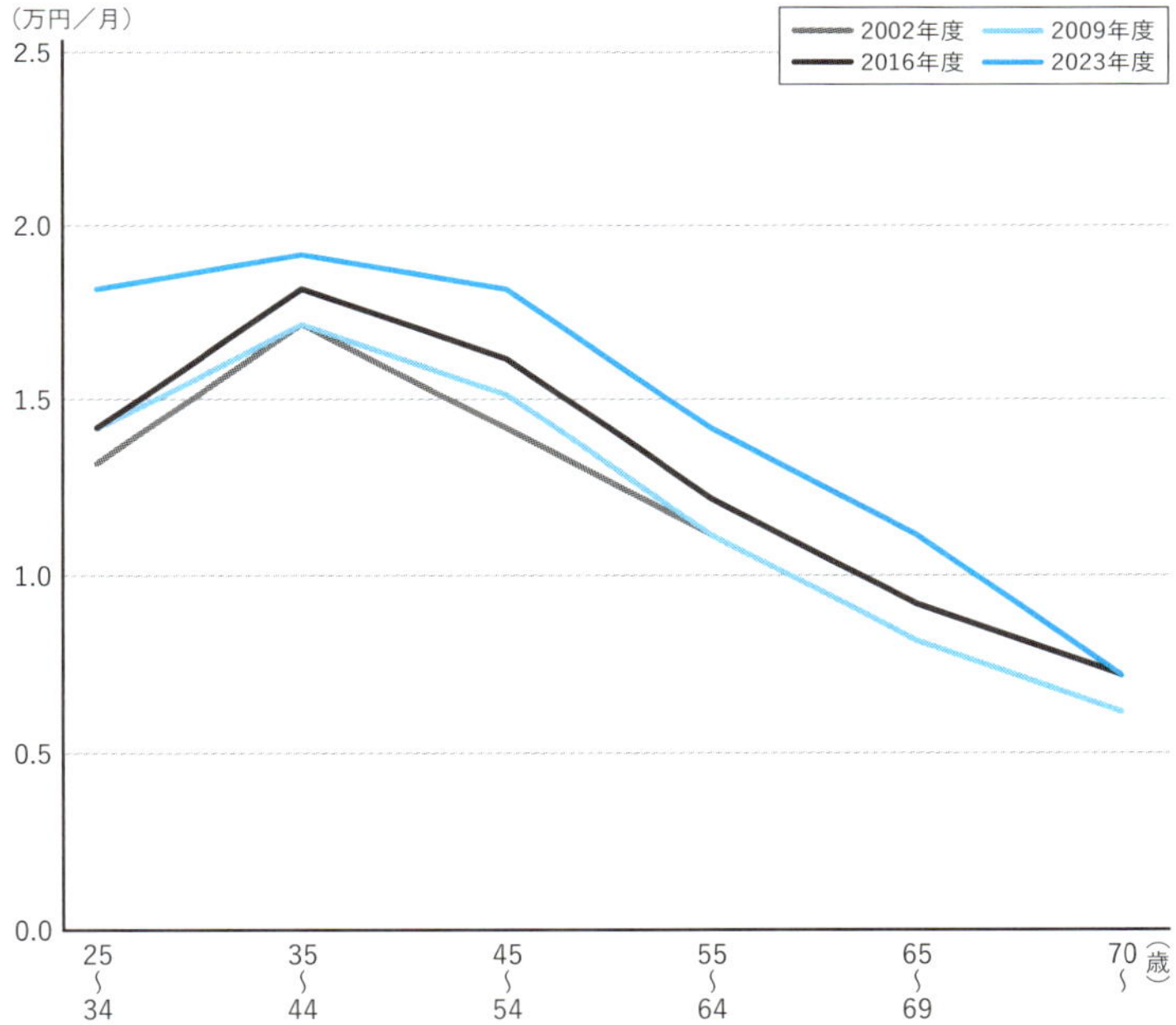

(出所)総務省「家計調査」

基盤を失うことになり、より厳しい状況に追い込まれることになるでしょう。

現在、日本では6000万人以上の人が働いており、その約3分の1は非正規雇用者です。非正規を選ぶ理由のトップは、都合のいい時間に働きたいですが、次の理由は育児や介護と仕事の両立となります。つまり、日本のシステムでは育児と仕事の両立は進みつつありますが、まだ十分とはいえず、「介護か仕事か」を迫られるケースも少なくありません。

日本では人手不足が深刻になっていますが、今後、高齢化が進むにつれて介護の問題はより深刻になり、本来なら働くことのできる人たちが介護のために充分に働くことができないという問題が起きる恐れがあるでしょう。


働くことができないことは生活の困窮につながります。


2018年に日本総研が行った調査によると、2040年には65歳の要介護者は約370万人になると言われていますが、そのうちの約3割が要介護の2か3となるようです。

要介護2というのは、食事や排泄は自分でできるものの部分的な介助が必要な人ですが、要介護3というのは、身体機能の低下が顕著で全面的な介助が必要とされています。

約3割が要介護2~3ということは、370万人の3割ですから、約110万人となります。これほど多くの人の介護が必要になると、介護サービス事業もひっ迫しますし、介

図表39 介護サービス支出

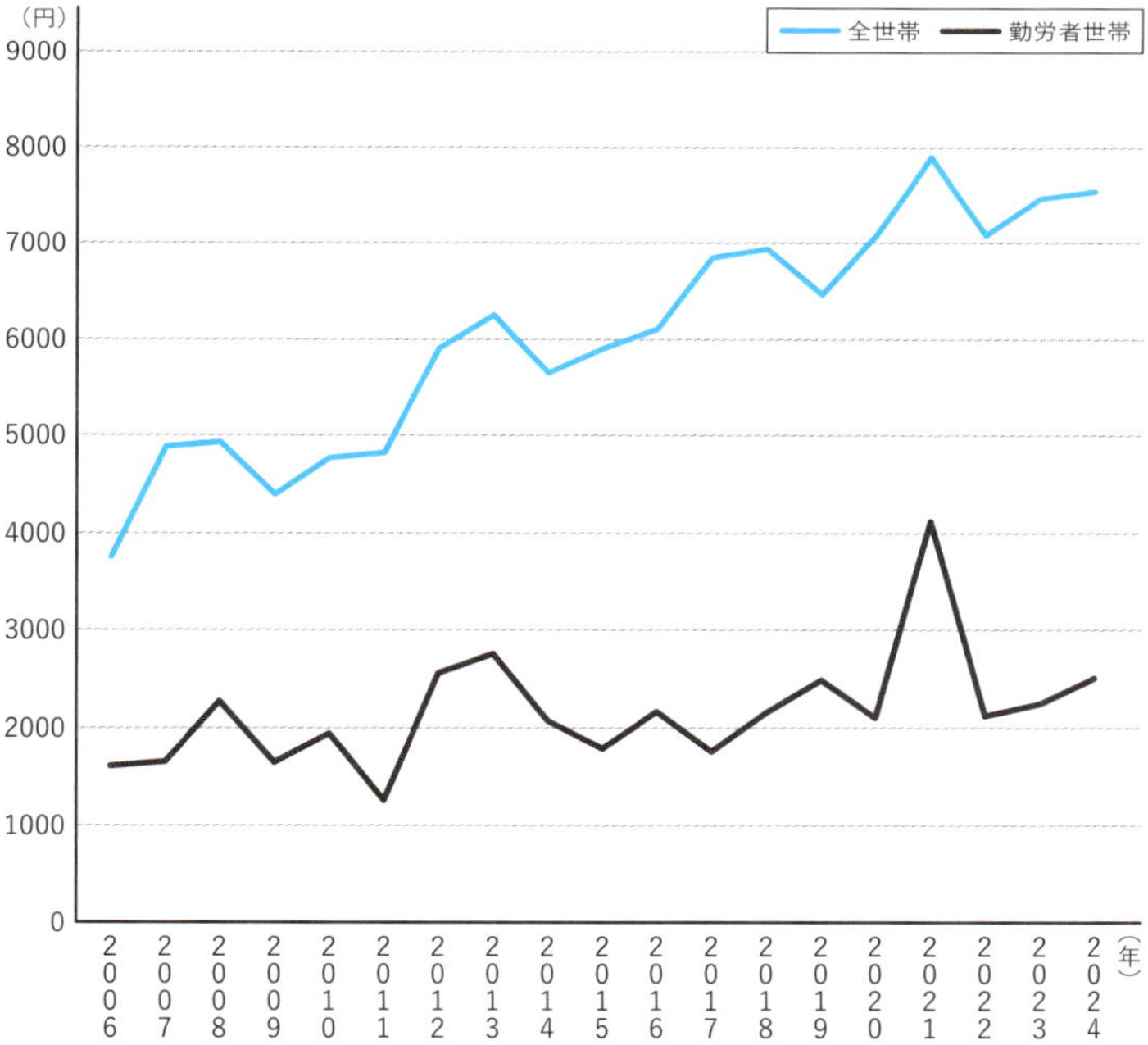

(出所)総務省

護費用が高騰することも十分考えられます。それでも自分たちが家で介護をしたり、しっかりとした介護サービスを受けられればいいのですが、金銭的負担や時間的負担、また体力精神的な負担の大きさからそれが難しくなるケースもあるでしょう。

同じく日本総研が2015年に行った調査によると、就職氷河期世代の親が介護を必要とする時期と、就職氷河期世代が生活困窮状態に陥る可能性がある時期が重なる人数を試算したところ、約33万人が陥る恐れがあるとのことです。

現在は人手不足状態が続いていますから、2015年の試算どおりになるかは分かりませんが、それでも100万人を超える人が要介護2や3になり、親の介護を担うべき就職氷河期世代の30万人を超える人が生活面、経済面で厳しい状況に追い込まれるのは十分にあり得ることなのです。

少子高齢化などの人口に関する予測は、予測というよりは「確実に訪れる未来」です。好景気や移民政策などで劇的な変化でもない限り、こうした数字が大きく変わることはないでしょう。

当然、これらは個人の問題ではなく、社会全体で取り組む課題だけに、これまで触れてきたように、経済支援や就労支援を強化する一方で、今でさえ人材不足に悩む介護サービスの現場を充実させ、質の高い介護サービスを提供しながら、その利用にかかる費用は抑制に努めるという難題への対応が求められるでしょう。

高齢貧困危機に陥る数は現状の2倍とも

さらに深刻なのが、就職氷河期世代の殆どが60歳を超え、大半が65歳を超える２０４０年には65歳以上の人口が３９００万人ほどに達し、仮に65歳以上の貧困率が２割を超えれば８００万人程度が貧困状態に陥るということです。

厚生労働省の国民生活基礎調査（２０１８年）によると、65歳以上の貧困率は19・１％となっており、約３７０万人が貧困状態にあるとされています。さらに近年は、高齢者の割合が増加しており、今後さらに貧困率が上昇することが懸念されていますから、それを勘案して推計すると、仮に２０４０年に65歳以上の貧困率が2割に達するとすれば、２０１８年時点の二倍以上となる８００万人近くが貧困状態に陥ることになります。

就職氷河期世代の貧困問題については、第３章で触れたように東京都立大学教授の阿部彩氏がまとめた「相対的貧困率」のデータを見ると、10年前の２０１２年の20代後半から40代くらいの貧困率が他の世代より高いことが分かっています。

「相対的貧困」というのは、生きるうえで必要最低限の生活水準が満たされていない「絶対的貧困」と違い、それぞれの国や地域の水準の中で比較して、大多数より貧しい状態のことを指しています。そして所得で見ると、世帯の所得がその国の等価可処分所得の中央値の半分（貧困線）に満たない状態のことを言います。

日本でも相対的貧困は問題になっており、前述のように基準となる貧困線は、総務省の全国消費実態調査では１３５万円（２００９年）、厚生労働省による国民生活基礎調査では１２２万円（２０１２年）とされています。

仮に先の推計どおりに２０４０年に８００万人もの高齢者が貧困状態に陥るとしたら、国民の15人に１人は貧困状態ということです。ここに若い世代の貧困者も加わるとしたら、日本という国はもはや豊かな国どころか、人々が貧しい暮らししかできない社会となってしまいます。

これは就職氷河期世代だけの問題ではなく、国が取り組むべきあまりに大きな社会問題です。それにしても、なぜこれほど多くの高齢者が貧困に陥る危機にあるのでしょうか。

その理由は4つあります。

1　低年金

高齢者の多くは、収入の多くを年金に頼っていますが、日本の年金制度は物価上昇に追いついておらず、年金額が低い水準にとどまっています。

2　非正規雇用

最近では定年延長が増えていますが、やはり定年制はあるので、いったん退職してから非正規雇用という形で働くケースも増えています。実際、高齢者の就労率は高いものがあり、その多くは非正規雇用ということで、正規雇用に比べてどうしても賃金は低くなりますし、雇用が不安定なため、貧困に陥りやすい状況にあります。

かつては定年を迎えたら悠々自適の生活を送る人もいましたが、年金が満額で受け取れるのは65歳からということもあり、その間、働くのは今や当たり前になり、65歳以降も「年金だけでは厳しいから」と働く人が増えています。健康で働くことができるうちはいいのですが、次の3、4で触れる家族の問題や健康の問題が生じると、途端に貧困に陥るリスクを多くの人が抱えているというのが現状です。

3 家族の支援の減少

かつての日本は何世代もの家族が一緒に暮らすことで、高齢になってもそれを支えてくれる子どもや孫が身近にいましたが、核家族化が進んだ現在ではたとえ子どもや孫がいたとしても、いつもそばにいて助けてくれるわけではありません。子どもや孫と離れて暮らす人も多く、高齢の夫婦だけ、あるいは高齢の単身世帯が増えたことで、高齢者が家族からの支援を受けにくくなり、貧困に陥りやすい状況が生まれています。

4 健康問題

高齢であっても健康で働くことができれば、年金の不足を補うことができるだけに、ある程度満足のいく生活を送ることができます。しかし、年齢を重ねるにつれ健康に問題を抱えるようになると、途端に働くことは困難になります。夫婦のどちらかが病気などになれば、老々介護の必要も生じますし、介護費用や治療の費用も負担になってきます。平均寿命は「何歳まで生きるか」ですが、「何歳まで元気で動けるか」という健康寿命は平均寿命ほど長くはありません。その意味では、高齢になれば誰もが健康の問題を抱え、結果として貧困に陥りやすくなるのです。

こうした「高齢者貧困」について政府は、年金制度の改革や介護サービスの充実、さらには低所得者向けの支援の拡充などに取り組んではいますが、まだ十分ではありません。今後、かなりのペースで高齢者が増え、貧困に陥る高齢者が増えることを考えると、さらなる支援の拡充が求められます。

ましてや、就職氷河期世代が高齢者になる頃には、状況はさらに深刻になります。現在の高齢者や団塊の世代あたりまでは日本が成長期にあり、収入も増えて、退職金なども充実していただけに、ある程度の資産を持っている人が少なくありません。それでも貧困に陥る高齢者もいるわけですが、収入が抑えられ、雇用が不安定で、十分な退職金や年金などが期待できず、資産の蓄積も少ない就職氷河期世代の場合、これまでの高齢者よりもはるかに貧困に陥るリスクは高くなっています。

その意味では、就職氷河期世代は社会に出る時はもちろん、社会に出てからも、そして高齢になってからもずっと「割を食う」状態が続くと言えるかもしれません。

空き家の増加などで親からの遺産の資産価値が減少の危険性

就職氷河期世代は、親が団塊の世代などが多く、ある程度の資産を持ち、住宅などの不動産を所有しているケースが少なくありません。こうした不動産が都市部にある場合はともかく、地方にある場合、最近は少子高齢化の影響もあり、空き家が増えたことで、不動産価格が下落するケースもあります。

バブル崩壊のあと、「不動産が負動産に」という言い方がされましたが、空き家が増え、不動産価格が下落すると、自分が住む予定のない親の不動産を相続することがプラスではなく、マイナスになるケースも少なくありません。住む予定があれば、もちろん利用価値はあるわけですが、将来にわたって住む予定がなく、かといって売却するのも難しい場合、維持管理にそれなりのお金がかかるうえ、固定資産税を負担する必要も出てきます。特に最近では、放置されたままの空き家対策が課題になっているだけに、相続をした以上は何もしないで放っておくというわけにはいかなくなっています。

さらに地方では、住宅だけでなく、親が所有していた山や田畑などをどうするかという問題も起きています。これらの不動産が安くても売れた時代はまだ良かったのですが、今のペースで人口減少が進めば、相続した子どもたちにとってはお金のかかる「負動産」でしかなくなってしまいます。

そうならないためには、親が元気で相続が差し迫った問題ではなくとも、親が所有している不動産の現状をしっかりと把握して、早めに適切な対策を検討することが必要になってくるでしょう。

最近ではキャンプブームの影響もあり、山を買う人などもいるようですが、売る・売らないはともかく、家や山、田畑がどこにどれだけあり、売却は可能なのか、税金はどれくらいかかっているのかを把握しておくだけでも将来、慌てずにすむかもしれません。

その際、自分1人ではどうにもならないことも専門家に相談すれば、適切なアドバイスが得られることもありますし、場合によっては生前贈与や遺言書の作成をしておくことで、いざという時に慌てることなく対処できるようになります。

就職氷河期世代の多くは、これから親の介護という問題に直面するわけですが、同時に親が亡くなった後の相続対策についても検討しておくことが必要になります。日本では親が元気なうちに相続について話をするのは不謹慎と考える人たちもいますが、日本が少子高齢化、そして本格的な人口減少社会に向かう中では、これまでの常識とは違う事情が起きてくるはずです。

不動産の負動産化もそうですが、こうした将来の変化を予測しながら適切な対応をとることも就職氷河期世代には必要なことなのではないでしょうか。

おわりに

もし就職氷河期がなかったら、今の日本はどうなったのか？

本書では、就職氷河期世代がなぜ生まれ、なぜ今に至るまでさまざまな苦労を強いられているのか、その解決策はあるのかなどを解説してきました。しかし、ここで多くの人が感じる疑問に「なぜ日本だけがこれほど大規模で長期的な就職氷河期を経験することになったのか」や、「もし就職氷河期がなかったなら、今の日本はどうなったのか」などがあります。

この２つの疑問について考えることは今後の日本経済のあり方について考えることでもありますので、最後に取り上げてみたいと思います。

まず「なぜ、日本だけがこれほど大規模で長期的な就職氷河期を経験することになったのか」についてです。

アメリカでは１９２９年の大恐慌や、２０００年のＩＴバブル崩壊、２００８年のリーマン・ショックの時などに大規模な失業問題が発生しています。ヨーロッパでも１９７０年代のオイルショックにより経済成長が鈍化した際には、やはり若者の雇用機会が大きく減少しています。

ただ、いずれの場合も日本の就職氷河期ほど長期にわたって若者の雇用機会が奪われることはありませんでした。

日本だけが長引いた理由は３つあります。

１つ目の理由は経済政策の違いです。

戦後に日本が経験した高度経済成長期は、ほかの先進国と比べて非常に長く、その後、オイルショックを経てバブル景気に向かうわけですが、バブル崩壊後の対処が遅れたことで「失われた20年」とか「失われた30年」と言われる深刻な経済状況が続くことになります。

バブル崩壊のような状況はアメリカなどでも経験しているわけですが、アメリカは日本のバブル崩壊後の対応をしっかりと研究して、リーマン・ショック後に活かしたことで、素早く不況から立ち直ることができたわけです。しかし、日本はそれができなかったために経済の低迷が長引き、就職氷河期世代という取り返しのつかない世代を生み出すことになったのです。

２つ目の理由は、日本独特の雇用慣行です。

１９９０年代の日本企業の雇用慣行は、徐々に変化し始めていたとはいえ、基本的には「①新卒一括採用」「②年功序列賃金」「③終身雇用」です。

これらはいずれも欧米にはない制度であり、特に新卒一括採用で、転職者が少ないというのは日本特有の制度と言えます。かつての日本企業は４月に新卒者が一斉に入社し、それから研修や異動などを経験しながら成長し、役職に就き、最終的に定年を迎えて退職するという仕組みで成り立っていたわけですが、こうした仕組みは経済状況の影響をまともに受けるという欠点があります。

欧米の企業であれば、経済が悪化し、業績が低迷した場合、今いる社員を平気で解雇します。そして業績が回復したら、必要に応じて採用を行うわけですが、日本の企業の場合、正社員の解雇に関して厳しい解雇規制があるとの印象が強く、安易に社員を辞めさせることはしません。では、どこで人件費の削減を行うかというと、年配社員の希望退職を募るか新卒の採用人数を抑制するほかありません。

結果、新卒の採用人数はバブル期のように景気がいいと「採り過ぎだろう」と言われるほどの大勢を採用し、景気の低迷期には大幅に採用数を削減するため、抑制が長期に及ぶと就職氷河期世代を生むことになるのです。

3つ目の理由は、教育制度とのミスマッチです。

企業が求める人材は時代とともに変化しますし、どんな能力を重視するかも時代によって変わります。たとえば、今日のようにAIが発達し、私たちの日常に当たり前のように入り込んで来れば、かつて重視された「覚える」とか「計算する」能力はAIに任せて、人間は違う所で能力を発揮することが求められます。

1990年代も半ばからインターネットが世界的に普及するようになり、コンピュータはもはや当たり前のように使われ始めていました。一方、日本の教育制度は高度経済成長型の産業構造に適した人材を大量に供給するシステムのままでしたから、学校が送り出す人材と企業が求める人材のミスマッチが起こり始めていた時代と言えるかもしれません。実際、銀行や証券会社などの金融機関も理数系の人間を必要とし始めていた時代でしたが、応募者の大半は変わることなく文科系でした。

こうしたミスマッチも、就職氷河期世代の採用を難しくした一因ではないでしょうか。

そして、今後はさらにミスマッチが大きくなるだけに、学校教育にも時代とともに変わっていくことが求められることになります。

こうした理由が重なることで、世界でも例を見ない長期にわたる就職氷河期が続くことになった訳ですが、今、似たような状況になりつつあるのがデフレの危機に直面する中国かもしれません。いずれにしても就職氷河期という不幸な世代を生み出したのは、長きにわたる経済の低迷や、社会の変化に柔軟に対応できなかった雇用制度や教育制度にあったのは間違いありません。

アメリカが日本のバブル崩壊から多くのことを学び、その後の政策に活かしたように、日本も過去の自分たちの失敗に学び、今後2度と同じ失敗をしないようにすることが求められています。同時に就職氷河期世代は今も苦しんでいるだけに、その対策も充実させていくことが必要なのです。

次なる疑問は、「もし就職氷河期がなかったなら、今の日本はどうなったのか」です。

歴史に「ＩＦ（イフ）」はありませんし、人生を2度生きることもできませんが、就職氷河期に関しては「もしなかったら」と考えると、今の日本は今とは違っていたものになった可能性があるのではないでしょうか。

これについて3つの面から考えて見たいと思います。

1つ目は経済面です。

もし就職氷河期世代が就職であれほど苦労せず、スムーズに労働市場に参入していたとしたら、労働力人口が増え、経済がこれほど停滞せず、日本の成長率が高まった可能性があります。

日本はバブル崩壊後の「失われた20年」を経て、アベノミクスによりようやく少しだけ成長軌道に乗り始めますが、バブル崩壊後の30年で日本だけ経済規模がほとんど拡大しなかったのに対し、それ以外の国は普通に経済成長をしています。

現在、日本のGDPは600兆円を超えたところですが、1993年のGDPが480兆円ですから、30年かけてようやく100兆円余り増加したに過ぎません。もし海外の先進国と歩調を合わせる形で経済規模が拡大していれば、今ごろは1000兆円に達していてもおかしくなかっただけに、残念でなりません。

では、なぜこれほど伸びなかったのかというと、経済の低迷ももちろんですが、特にGDPの半分以上を占めている個人消費が低迷したからです。もし就職氷河期世代がスムーズに労働市場に参入し、若い頃から安定した収入を得て、将来への不安もなかったとすれば、消費が拡大したはずです。しかし、日本では逆のことが起こり、個人消費は低迷し、経済も長いデフレに突入したことでＧＤＰの伸びが鈍化することになったのです。

さらに言えば、就職氷河期世代がスムーズに労働市場に参入し、若い頃から安定した収入を得ていれば、結婚する人ももっと増えていたでしょうし、場合によっては第三次ベビーブームが起きた可能性もあります。そうすれば、少子化の進行も緩やかになったはずですし、労働力人口が増え、働き手が増えれば、個人消費の増加だけでなく、社会保障制度の財政状況も改善して、より充実したサービスの提供が可能になったかもしれません。

２つ目は社会面です。

就職氷河期世代がさまざまな価値観を持って社会に出ていれば、より多様な価値観が認められる社会になっていた可能性があります。

就職氷河期世代というと「苦しんだ」イメージが強いのですが、この世代に属している有名人には堀江貴文氏や西村博之氏、前澤勇作氏などがいます。本人たちが就職氷河期を意識していたかどうかは分かりませんが、いずれも「就職よりも起業」を選ぶことで若くして頭角を現しています。１９９０年代というと、アメリカではジェフ・ベゾスやラリー・ペイジなどが起業した時代であり、同様に日本でも堀江貴文氏がライブドアを起業、一時はテレビ局やプロ野球球団を買収するのではというほどの勢いがありました。もしこの時期に若者の社会参加や起業がアメリカのように促進されていれば、今とは違った社会になっていたのではないでしょうか。

社会面でもう１つ大きな変化は、現在の日本は正規雇用と非正規雇用、団塊の世代やバブル世代と就職氷河期世代といった世代間や階層間の格差が問題になっています。しかし、就職氷河期世代の多くが正規雇用で働くことができていれば、格差は縮小し、社会全体が活性化して、より活気ある社会になっていたのではないでしょうか。

３つ目は文化面です。

就職氷河期世代がさまざまな経験を通してさまざまな価値観に触れていれば、より多様な文化が社会に受け入れられるようになっていた可能性もありますし、若者たちが自由に意見を交換し、新しいアイデアを生み出す機会が増え、新たな文化が生まれやすくなったかもしれません。

１９９０年代にはアマゾンやグーグルが誕生し、イーロン・マスクはペイパルを起業しています。就職氷河期の後半にあたる２０００年代前半にはマスクはスペースＸを起業し、マーク・ザッカーバーグはフェイスブック（現在のメタ）を起業しています。

つまり、日本が就職氷河期の頃、アメリカではのちの世界的テック企業が続々と誕生していましたし、その起業家たちは就職氷河期世代とさほど変わらない年齢だったのです。そう考えると、当時の若者たちが就職難に苦しむのではなく、もっと自由に伸び伸びと生きることができたなら、日本からももっと多くの企業が誕生したのではと思えるのです。

「もし就職氷河期がなかったら」というのは、単なる思考実験に過ぎませんが、この問いを考えることで、現在の社会が抱える問題の原因を知ることができますし、今後、より良い社会をつくるためのヒントが得られるのではないかとも考えています。大切なのは、就職氷河期は「過去の出来事」ではなく、「今も進行中の出来事」であるということです。

就職氷河期世代は社会に出る時に苦しみ、社会に出てからも苦しみ続けています。そして、今後は親の介護や自分自身の老後という問題とも向き合うことになります。だからこそ、就職氷河期世代を生み出してしまった社会は、可能な限りの支援をするべきだし、二度と同じ悲劇を生まないようにすることが必要なのです。就職氷河期を生むことは社会の活力を削ぎ、経済や文化の発展を阻害することにもなります。より良い社会の実現に向け、今こそ就職氷河期問題と真摯に向き合うべきなのではないでしょうか。

永濱利廣（ながはま・としひろ）

第一生命経済研究所首席エコノミスト。

早稲田大学理工学部工業経営学科卒、東京大学大学院経済学研究科修士課程修了。1995年第一生命保険入社。98年より日本経済研究センター出向。2000年より第一生命経済研究所経済調査部、16年4月より現職。国際公認投資アナリスト（CIIA）、日本証券アナリスト協会検定会員（CMA）。景気循環学会常務理事、衆議院調査局内閣調査室客員調査員、跡見学園女子大学非常勤講師などを務める。景気循環学会中原奨励賞受賞。

「30年ぶり賃上げでも増えなかったロスジェネ賃金～今年の賃上げ効果は中小企業よりロスジェネへの波及が重要～」など、就職氷河期に関する発信を多数行う。

著書に『「エブリシング・バブル」リスクの深層 日本経済復活のシナリオ』（共著・講談社＋α新書）、『経済危機はいつまで続くか――コロナ・ショックに揺れる世界と日本』（平凡社新書）、『日本病　なぜ給料と物価は安いままなのか』（講談社現代新書）など多数。

就職氷河期世代の経済学

2025年 1 月 10 日　初版第1刷発行

著　者――永濱 利廣

発行者――張 士洛
発行所――日本能率協会マネジメントセンター
〒103-6009 東京都中央区日本橋2-7-1　東京日本橋タワー
TEL 03（6362）4339（編集）／03（6362）4558（販売）
FAX 03（3272）8127（編集・販売）
https://www.jmam.co.jp/

編集協力――桑原 晃弥
装　　丁――井上 新八
本文デザイン・DTP　斎藤 充（クロロス）
印 刷 所――シナノ書籍印刷株式会社
製 本 所――株式会社新寿堂

ISBN 978-4-8005-9289-7　C2034
落丁・乱丁はおとりかえします。
PRINTED IN JAPAN